UN GENIO ATEMPORAL

EDICIONES PALABRA
Madrid

© Lucas Pablo Prieto y José Ángel García Cuadrado, 2025
© Ediciones Palabra, S. A., 2026
Ronda del Caballero de la Mancha, 59 – 28034 Madrid
Telf.: (34) 91 350 77 20 – (34) 91 350 77 39
www.palabra.es
palabra@palabra.es

Diseño de colección: Raúl Ostos
ISBN: 978-84-1368-522-9
Depósito Legal: M-25.935-2025
Printed in Spain – Impreso en España

LUCAS PABLO PRIETO
JOSÉ ÁNGEL GARCÍA CUADRADO

UN GENIO ATEMPORAL

SANTO TOMÁS DE AQUINO, UNA INSPIRACIÓN PARA REMAR CONTRACORRIENTE EN LA ERA DEL RELATIVISMO

«A cada época la salva un pequeño puñado de hombres que tienen el coraje de ser inactuales».

G. K. CHESTERTON,
Lo que está mal en el mundo

«El santo es una medicina porque es un antídoto. Y esta es la razón por la que el santo es con frecuencia un mártir; se lo confunde con un veneno porque es un antídoto. Por lo general, lo veremos exagerando precisamente aquello que el mundo descuida, cosa que no es siempre el mismo elemento en todas las edades. Sin embargo, cada generación busca su santo por instinto, y este no es el que la gente quiere, sino el que necesita».

G. K. CHESTERTON,
Santo Tomás de Aquino

ÍNDICE

PRESENTACIÓN

Hace poco más de ochocientos años nació santo Tomás de Aquino. Ocho siglos después, lo seguimos celebrando y estudiando: son decenas las ediciones y traducciones a las lenguas principales de sus obras; decenas de revistas especializadas dedicadas a su pensamiento; academias de filosofía y teología que lo tienen como patrono; se han celebrado cientos de congresos y simposios; se han publicado (literalmente) decenas de miles de monografías, libros de divulgación, artículos especializados. Por eso es lógico preguntarse: ¿qué tenía de singular este orondo fraile dominico para que ocupe por derecho propio un lugar junto a los grandes genios del pensamiento que siguen siendo actuales a pesar de los siglos transcurridos? Este pequeño libro es un intento de dar respuesta a este interrogante.

Gilbert K. Chesterton escribió un notable ensayo sobre la vida del Doctor Angélico: el escritor inglés había meditado largamente acerca de la influencia del cristianismo en la cultura occidental, y concluía que, en los momentos de crisis culturales, la verdadera innovación y la resistencia contra la decadencia no provienen de la conformidad con lo actual, sino de la valentía de unos pocos que se mantienen firmes en sus convicciones, incluso cuando van en contra de las modas imperantes. Estos hombres «inactuales», «políticamente incorrectos», que están fuera de sintonía con su tiempo, son quienes finalmente pueden ofrecer una alternativa o una nueva perspectiva que revitaliza una época.

Quizá el término «inactual» podría ser traducido en la actualidad con un anglicismo, ampliamente difundido, pero hasta el momento no aceptado por el *Diccionario de la Real Academia de la Lengua Española*: «outsider». En el lenguaje periodístico, el término «outsider» se utiliza para describir a personas que no pertenecen al *establishment,* o que provienen de ámbitos no tradicionales. Un «outsider» es el que desafía las convenciones establecidas porque no comparte las mismas creencias, intereses o valores que los demás. Así, «outsider» se podría traducir por «independiente», «sorpresivo», «alternativo» o, retomando el término chestertoniano, «inactual». Quizá también «políticamente incorrecto». Todos estos calificativos nos podrían aproximar a la personalidad de Tomás de Aquino; pero todavía se podría añadir un calificativo más: «inclasificable».

En la actualidad, calificar a un filósofo o a un teólogo de «tomista» trae a nuestra mente una idea un poco difusa. En el mejor de los casos, un tomista es un especialista en doctrinas medievales esotéricas, extrañas al común de los ciudadanos de a pie. Sin duda, en este sentido, un tomista merece respeto, como el debido al arqueólogo que se desplaza a tierras ignotas para hacer hallazgos curiosos, o al zoólogo experto en la reproducción de las mariposas, o al alergólogo estudioso de las alergias provocadas por los excrementos de los ácaros. La mayoría de las veces, especialmente en el mundo académico, un pensador tomista viene a ser un pensador de orden, de tradiciones, de convicciones profundas, que se mantiene al margen de los aires renovadores de la modernidad y de la contemporaneidad. Se trataría de alguien que bucea nostálgicamente en un mundo medieval ya extinguido desde hace tiempo. Esa imagen, sin duda, un tanto caricaturizada, no responde a la biografía del verdadero Tomás de Aquino: no fue un hijo acomodaticio, ni un estudiante complaciente, ni un teólogo aplicado y obsesionado por no dar problemas, ni un conservador de viejas tradiciones, ni mucho menos un pensador irrelevante.

La hipótesis que ofrecemos, todavía provisionalmente, es esta: el pensamiento de Tomás de Aquino sigue despertando interés porque desde el principio, en su tiempo, vivió más allá de su tiempo, es decir, fue un personaje «inactual». Por supuesto que este monje dominico vivió en su tiempo: en la Europa cristiana del siglo XIII, con sus luces y sus sombras, en un contexto social y cultural muy distante al nuestro; con sus problemas políticos y sociales, con la peste y la falta de higiene, con unos conocimientos científicos (cosmológicos o biológicos) hoy ampliamente superados; con una Iglesia que vivía momentos de relativa paz externa (dentro de lo que las guerras con el islam lo permitían), pero con fuertes tensiones internas. Sería un error desarraigar a Tomás de su entorno geográfico y cronológico. Pero su pensamiento va más allá de las circunstancias históricas del momento y por eso, en muchos aspectos, adquiere un carácter imperecedero. A los ojos de sus contemporáneos, Tomás de Aquino fue en algunos aspectos un rebelde, un inadaptado, un marginado; si hubiera sido un mero transmisor de las ideas del momento, o un monje que se hubiera limitado a repetir los dictados de las modas culturales o las opiniones más extendidas, sin duda, nadie se acordaría de él. Y si ahora podemos seguir hablando de él, en pleno siglo XXI, es porque también ahora es inactual, un pensador a contracorriente cultural.

A pesar de lo dicho hasta el momento, Tomás de Aquino, santo, no era un ser extraño o raro. Muchas veces se presenta al maestro dominico como frío y distante, pero no podemos olvidar su fina sensibilidad, su gran corazón por las preocupaciones de su familia y su Orden de Predicadores. Sentía las pasiones que tiene todo hombre: lo vemos enérgico y verdaderamente enojado cuando el asunto lo merece. Era un santo, y como afirma Chesterton:

> un santo es un hombre cualquiera con una cualidad adicional única y universal. Y hasta podríamos decir que lo único que separa al santo del hombre ordinario es esa, su disposición a ser un hombre ordinario. En este caso hay que entender la palabra «ordinario» en su sentido nativo y noble, que se relaciona con la palabra «orden». El santo

ha superado todo deseo de distinción; es la única suerte de hombre superior que nunca ha sido una persona superior[1].

Los padres de Tomás quizá se empezarían a preocupar por el carácter abstraído de su hijo, que no cesaba de preguntar: «¿qué es Dios?». La preocupación iría en aumento al comprobar que rechazaba el futuro tan prometedor que le preparaban en la abadía benedictina de Montecasino. De la preocupación pasaron al enojo cuando Tomás abandonó los planes paternos para ingresar en una orden mendicante y se escapó del castillo familiar por la ventana descolgándose por una cuerda. Poco tiempo después, sus compañeros de noviciado lo verían como un ser extraño: silencioso, reflexivo, con aparentes problemas de comunicación; grande como un buey e imprevisible. Y no muchos años después, los estudiantes y profesores de París le mirarían con desconfianza cuando se atrevía a leer a un filósofo pagano como Aristóteles, durante siglos olvidado, e incorporar sus extrañas doctrinas al estudio de la teología, en lugar de seguir la senda segura que le marcaban los Padres de la Iglesia. Sin duda, a Tomás le gustaba el riesgo intelectual cuando leía a los filósofos musulmanes (Avicena y Averroes) y judíos (Maimónides) para incorporarlos a sus explicaciones teológicas. Más de uno de sus contemporáneos pudo comprobar cómo el apacible y bonachón Tomás defendía vehementemente a capa y espada el carisma de su querida Orden de Predicadores; y muchos de

---

[1] G. K. CHESTERTON, *Santo Tomás de Aquino,* Carlos Lohlé, Buenos Aires 1986, p. 107.

sus hermanos de religión, empezando por sus secretarios, quedaban atónitos cuando pocos meses antes de morir deseaba quemar todos sus libros ante la experiencia del Dios vivo.

La grandeza intelectual de Tomás de Aquino no viene avalada solo por una inteligencia privilegiada: él mismo reconocía como un favor divino el que todo lo que había leído en su vida lo había comprendido, lo cual pocos humanos podrían suscribirlo. La grandeza de Tomás, sin la cual seguramente nadie lo recordaría a pesar de su elevado coeficiente intelectual, se debe a que puso toda su energía al servicio de la verdad. El estudio era una obligación grave para los dominicos porque debían predicar en el púlpito y enseñar en la cátedra; su saber culminaba en entregar a los demás lo que ellos habían aprendido. Ese es el lema de la Orden de Predicadores: «contemplar y transmitir a otros las cosas contempladas». Conocer la verdad y darla a conocer era la divisa de la Orden y fue el norte de la vocación de Tomás como teólogo.

En este librito no pretendemos presentar una biografía completa y detallada de santo Tomás: hay muchas y muy buenas, con rigor histórico y doctrinal. Tampoco pretendemos ofrecer una perspectiva novedosa. Nos apoyamos y recogemos, de hecho, en muchos lugares los trabajos de otros que previamente han escrito sobre Tomás. Nuestro objetivo es mucho más modesto: se trata de presentar algunos apuntes sobre su vida a través de algunas anécdotas que ilustran la singular personalidad del Doctor Angélico. De este modo, aspiramos a dar a conocer de manera breve y amena la vida y algunos aspectos del pensamiento de este maestro que ha marcado un hito en la historia con su palabra profunda y conmovedora que, como ya vaticinara su maestro Alberto Magno, ha llegado hasta los confines del mundo y del tiempo.

Pamplona, 15 de octubre de 2025

1.
¿QUÉ ES DIOS?

Tomás de Aquino vivió los primerísimos años de su infancia en el castillo familiar de Roccasecca, rodeado de cierta riqueza y de la relativa comodidad de la vida noble. Su padre, Landolfo de Aquino, era un conde y un caballero que sirvió al emperador Federico II. y su madre Teodora, una mujer de noble cuna y de gran piedad. Para comprender la actitud de sus padres en la educación de Tomás, es preciso situarse en el contexto social y cultural del momento. Los padres eran los primeros responsables del sustento y educación de los hijos, y debían velar no solo por su sustento diario, sino también por labrarle una posición en la vida. La educación recibida marcaba hasta cierto punto el futuro desempeño del niño. Incluso el matrimonio estaba también sometido al parecer de los padres, para asegurar la nobleza del linaje y su poder económico. Todo eso era visto con normalidad, e incluso se consideraba como un deber de los padres.

Los hermanos mayores de Tomás fueron educados para la vida militar y cortesana, con matrimonios ventajosos. Los planes con Tomás, sin embargo, iban por otros derroteros: era el noveno hijo de una familia numerosa compuesta de al menos tres hermanos y cinco hermanas[1]. Su carácter tranquilo, dado al recogimiento y a la espiritualidad, hacían de Tomás un candidato ideal para la vida religiosa; pero, eso sí, no como un ermitaño o monje común: si tenía que ser religioso, sería a la altura de su alta cuna. Por eso, a los cinco años, fue enviado a la abadía de Montecasino, donde comenzó su educación formal.

Montecasino era una abadía con una larga y gloriosa historia: fue el lugar donde san Benito de Nursia estableció su primer monasterio, origen de la orden benedictina, alrededor del año 529. Entre muchos avatares, la abadía prosperó en los siglos posteriores. Así, por ejemplo, la biblioteca, los manuscritos copiados en el *scriptorium* y la escuela de ilustradores de manuscritos se hicieron famosos en todo Occidente. También pertenecían a ella los extensos campos que gozaban de una riqueza agrícola nada despreciable y muchos agricultores se hallaban bajo su patronazgo. En tiempos de Tomás, la abadía de Montecasino era un centro religioso y cultural de primer orden y conservaba un gran valor artístico, social y económico.

Tomás llegó a dicha abadía con cinco años y en ella aprendió desde edad muy temprana latín, gramática y los primeros rudimentos en teología; también se familiarizó con la vida monástica y la espiritualidad benedictina. Como apuntamos anteriormente, los padres

---

[1] Hay cierta discusión sobre la composición de la familia Aquino. Cfr. J.-P. Torrell, *Initiation à saint Thomas d'Aquin. Sa personne et son œuvre*, Cerf, Paris 2015, pp. 22–23.

deseaban para Tomás el honor propio de la noble casa de Aquino y no es de extrañar que pensaran en él como un futuro abad de la rica y próspera abadía de Montecasino, siguiendo los pasos de un tío suyo. De sus años como oblato benedictino tenemos una primera anécdota que nos muestra la dirección vital del Aquinate. Al entrar en el monasterio, fue encomendado a un maestro a quien preguntaba «con ansiedad y frecuencia: *quid est Deus*?; y cada día memorizaba lo que el maestro le decía»[2]. Esta pregunta, de algún modo, acompañaría toda la vida de Tomás.

Para captar, sin embargo, su profundidad y sentido, no hay que olvidar el contexto en el que la formula. Procede de una familia de arraigada tradición cristiana y vive en un contexto monacal... es decir, ¡todo le habla de Dios! Quizá alguno podría pensar que, habiendo recibido la fe desde pequeño y escuchando habitualmente referencias religiosas, la preocupación por lo divino estaría suficientemente satisfecha. En Tomás ocurre justamente lo contrario y es precisamente esta familiaridad con las realidades divinas lo que posibilitó que estuviera siempre atento a la trascendencia de Dios. Es decir, en la base de su representación de lo divino está siempre la convicción de que Dios es siempre más de lo que podemos decir de él. *Deus semper maior!* O, como señala el mismo Tomás, «solo poseemos un conocimiento verdadero de Dios cuando creemos que su ser

---

[2] P. Calo, «Vita s. Thomae Aquinatis» 3, en D. Prümmer – M.-H. Laurent (eds.), *Fontes vitae s. Thomae Aquinatis notis historicis et criticis illustrati*, Bibliopolam, Tolosae 1911, p. 19.

está por encima de todo lo que sobre él puede ser pensado por el hombre»[3].

Puede parecer un pequeño detalle, pero es el reconocimiento fundamental de que Dios no está al nivel de la criatura, está más allá de lo que podemos alcanzar y nunca podemos reducirlo a nuestros pobres esquemas mentales, una tentación más frecuente de lo que podemos imaginar. De hecho, una desviación típica de la religiosidad humana (y los cristianos no están libres de caer en ella) pasa por intentar controlar lo sagrado, medirlo, someterlo a nuestros propios intereses... Pongamos un ejemplo. Es frecuente oír a gente que ha pedido algo en la oración a Dios, pero, pasado un tiempo, ninguna respuesta ha recibido. Lo problemático surge cuando aquel que ha pedido y (aparentemente) no ha sido escuchado, se aparta de Dios y deja su vida de oración «porque Dios no le ha respondido». Es algo habitual, pero refleja una idea profundamente errónea en la base: pensar que Dios debe responder mecánicamente a una fórmula equivale a olvidar que él está por encima de nosotros y que «sus caminos no son nuestros caminos» (Isaías 55, 8). Dios no se deja encerrar en nuestros límites y siempre accedemos a él en una nube de misterio. Es también lo que afirmaba san Agustín: «Si lo comprendes, no es Dios».

De algún modo, esta conciencia de la desproporción entre Dios y el hombre opera como una convicción liberadora que permite aceptar la propia limitación abriéndose a algo más grande. En esta línea

---

[3] Tomás de Aquino, *Suma contra gentiles*, I, 5.

podemos encontrar afirmaciones realmente desconcertantes en las obras de este dominico, que pueden incluso en ocasiones dar la impresión de rozar el agnosticismo. Así, por ejemplo, casi al inicio de la *Suma de Teología*, cuando está a punto de comenzar a tratar sobre la esencia divina, deja caer como advertencia al lector o los alumnos que, «dado que de Dios no podemos conocer qué es, sino solo qué no es, no podemos considerar sobre Dios cómo sea, sino solo cómo no es»[4]; y poco después afirma con igual firmeza: «La naturaleza divina en sí misma es desconocida para católicos y paganos»[5]. No se trata de referencias aisladas, sino de una constante a lo largo de toda su vida.

Tomás, sin embargo, no cae en el escepticismo ni la grandeza del misterio cancela la investigación de la inteligencia. Con humildad y sencillez dedica su vida a estudiar y profundizar en el conocimiento de Dios, pero sin caer nunca en un racionalismo que pretenda disipar el misterio. Este es quizá uno de los elementos más admirables de su pensamiento; el deseo de arrojarse a las profundidades sabiendo que nunca agotaremos en esta tierra el océano del conocimiento divino. Al contrario, la meditación frecuente de los misterios divinos hace que estos aparezcan al entendimiento de un modo «cada vez más y más admirables»[6]. En efecto, Dios está más allá de nosotros, pero podemos abrirnos a él y, por la fe, reconocer que se ha acercado a nosotros para comunicarnos su misma vida. Quizá esto fue lo que cautivó a Tomás de

[4] Tomás de Aquino, *Suma de Teología*, I, q. 3 pról.
[5] Id., *Suma de Teología*, I, q. 13, a. 10 ad 5.
[6] Id., *Suma contra gentiles*, IV, 54.

Aquino, la conciencia de la grandeza de Dios y la aceptación de su venida en humildad a los hombres...

Esta conciencia de la trascendencia divina fue plenificada al final de su vida cuando, estando en oración, tuvo una experiencia mística el día de san Nicolás y, desde ese momento, dejó completamente de escribir porque le habían sido reveladas tales cosas que todo lo que había escrito le parecía muy poca cosa. Así aparece relatada la escena en el proceso de canonización: «fray Reginaldo le insistía que le dijera la causa por la que había dejado de escribir y por qué se encontraba en tal estado de desconcierto y, después de las muchas preguntas hechas en toda ocasión por fray Reginaldo, Tomás le respondió: "todo lo que he escrito me parece paja en comparación a aquellas cosas que vi y me fueron reveladas"»[7]. No se nos dice qué le fue revelado a santo Tomás, pero el silencio que envuelve sus últimos días es también su última lección como teólogo. No nos exime de estudiar «tanto cuanto podamos» (como audazmente escribirá en una de sus poesías: *tantum audes quantum potes*), pero nos recuerda que al final siempre está la grandeza de Dios.

---

[7] «Processus canonizationis sancti Thomae Aquinatis, Neapoli» 78, en A. FERRUA (ed.), *S. Thomae Aquinatis vitae fontes praecipuae*, Edizioni Domenicane, Alba 1968, p. 319.

2.
DE OBLATO BENEDICTINO A LA ORDEN DE PREDICADORES

Tomás estuvo nueve años en la abadía de Montecasino y todo parecía indicar un pacífico desarrollo vocacional. Pero, como decía el novelista inglés Robert Burns, «los mejores planes de ratones y hombres a menudo se frustran». En efecto, se vivían tiempos revueltos. Federico II Hohenstaufen, conocido como *stupor mundi* (asombro del mundo), llegó a ser rey de Sicilia, Jerusalén y emperador del Sacro Imperio Romano Germánico. Una vez asentado en el trono, buscó expandir su poder y autoridad en Italia frente a los papas, y entonces los hermanos de Tomás se posicionaron contra él (aunque antes lo habían apoyado). Este enfrentamiento llegará a su punto álgido a mediados de siglo con la toma de la fortaleza de Capaccio. «[Esta] fortaleza, en la que se hicieron fuertes las tropas del Papa, sucumbió el 18 de julio de 1246 y fue entregada a las llamas, mientras a los defensores les sacaban los ojos, les cortaban las manos y pies, orejas y narices. Allí se encontraban, entre otros, cuatro hermanos de Tomás, que fueron desterrados por Federico y uno de ellos [Reginaldo] fue ejecutado»[1]. Tomás guardará siempre una devoción fraterna por este hermano, al que admiró por haber muerto defendiendo a la Iglesia. De hecho, al final de su vida confesó que había pedido tres cosas al Señor y que en todas había sido escuchado. Una de ellas era conocer el destino de su hermano y el Señor le reveló que «el nombre de Reginaldo estaba escrito en el libro de la vida»[2].

Pero unos pocos años antes, en 1239, ya se había sentido el conflicto en las tierras benedictinas. En ese año, el Emperador decretó la expulsión de los monjes de Montecasino. Así pues, Tomás se vio forzado a abandonar la abadía con apenas catorce años. Sus padres lo envían entonces a la Universidad de Nápoles, fundada por el emperador Federico II en 1224. Allí Tomás continúa con su esmerada educación en artes liberales: tiene al maestro Martín como profesor de Gramática y Lógica y al conocido maestro Pedro de Irlanda, que le pone en contacto con la Filosofía de la naturaleza. Ambos eran filósofos aristotélicos, lo que a la larga influiría grandemente en su maduración intelectual[3]. También entró en contacto con las enseñanzas de los filósofos árabes (ya muy influenciados por la filosofía aristotélica) y judíos. Hasta entonces Tomás se había mostrado como un muchacho solíci-

---

[1] V. FORCADA, *Santo Tomás de Aquino. Biografía*, Provincia dominicana de Aragón, Valencia 1993, p. 17.

[2] «Processus canonizationis sancti Thomae Aquinatis, Neapoli» 78, p. 317.

[3] Cfr. G. DE TOCCO, «Hystoria beati Thomae de Aquino» [7], en *S. Thomae Aquinatis vitae fontes praecipuae*, p. 36 (entre corchetes se indica el número del epígrafe correspondiente a la edición).

to, tranquilo y muy piadoso: nada hacía presagiar el conflicto que se avecinaba.

En Nápoles, el joven Tomás conoce el convento de los frailes predicadores y se siente atraído por el ideal de oración, estudio, pobreza y predicación. La vida benedictina en Montecasino, en esta época, no estaba hecha para atraer demasiado a un joven atraído por el absoluto, aunque Tomás conservará toda su vida una profunda estima por el ideal benedictino. [...] Tomás debió de percibir muy pronto que su inclinación por el estudio quedaría más satisfecha en la nueva orden y que, según la teoría que desarrollaría en su madurez, aunque es bueno contemplar las cosas divinas, todavía es mejor contemplarlas y transmitirlas[4].

A esto hay que añadir su deseo de una vida mendicante. La vocación sobrenatural supone una llamada de Dios que se enlaza misteriosamente con las aspiraciones más profundas de cada persona. Y las aspiraciones más profundas del joven Tomás parecen marcadas por estas coordenadas: vida contemplativa, vida docente, vida pobre. Unas coordenadas que en su tiempo (y en el nuestro) no parecen ser especialmente atractivas a una mirada superficial y mundana, pero que en la conciencia de Tomás resonaron con una fuerza arrasadora. Él no se podía contentar con unos ideales cómodos («burgueses», diríamos ahora, mezquinos o superficiales): solo Dios era su meta y no se iba a contentar con menos. Y por eso, también en esto, Tomás tuvo que nadar contracorriente.

---

[4] J.-P. Torrell, *Initiation à saint Thomas d'Aquin*, pp. 35-36.

En la universidad trabó especial amistad con fray Juan de Caiatia, con quien hablaba con regularidad. Él le puso en contacto con fray Juan de San Julián, varón de gran autoridad y ciencia que ayudó a Tomás a tomar la decisión de abrazar el hábito dominico. «La decisión estaba tomada, porque su vocación era clara: irá al convento de Santo Domingo el Mayor y pedirá el hábito de los frailes predicadores, una Orden mendicante que postula el alimento diario de puerta en puerta, en la que los oficios de prelatura son temporales, y en la que el fundador renunció a las posesiones de bienes temporales»[5]. Se trata de una vida exigente de pobreza, es decir, de confianza en la providencia divina que proveerá de lo necesario para la subsistencia, muy lejos de la vida relativamente segura que Tomás había vivido hasta entonces. Para su familia, ingresar en la Orden dominicana suponía un desdoro y temía que sus padres y hermanos se opusieran a su vocación; pero él tiene clara su decisión y apremia a su confesor. Corre el año 1243. «Tiene prisa. Su padre está achacoso y enfermo. El padre fray Juan de San Julián le aconseja que espere acontecimientos. El padre de Tomás falleció el 24 de diciembre del mismo 1243»[6]. Tomás entendió que era el momento oportuno, aunque presumía la oposición familiar. En enero de 1244 se presenta en el convento dominicano para ser admitido en la Orden, sin que lo supieran su madre y sus hermanos (ya era mayor de edad).

---

[5] V. FORCADA, *Santo Tomás de Aquino*, p. 27. Cfr. «Processus canonizationis sancti Thomae Aquinatis, Neapoli» 76, p. 313.
[6] *Ibid.*, p. 28.

Ser novicio de la Orden de Predicadores llevaba consigo un compromiso mayor que el que hasta entonces había asumido: se trataba de llevar vida común en el convento, hacer los votos de pobreza, castidad y obediencia, y la obligación grave de recitar el Oficio divino en comunidad. En realidad, todo eso ya lo podía encontrar en el convento benedictino de Montecasino. Sin embargo, la Orden dominicana ofrecía algo que sintonizaba perfectamente con la personalidad del joven Tomás: la Orden de Predicadores también ponía el acento en el estudio (como los benedictinos) pero para dar a conocer la verdad. Ese era el lema de la Orden: «Entregar a otros las cosas contempladas» *(contemplari et contemplata aliis tradere)*. Sin duda era esto lo que Tomás estaba deseando. Cuando años más tarde explique en la *Suma de Teología* los estados de perfección, afirmará: «La vida contemplativa es más excelente que la vida activa, pero la vida activa que se ordena a la utilidad del prójimo es más excelente que la vida contemplativa, que se contenta con la propia contemplación»[7]. Así pues, para Tomás, el estudio nunca será un coto cerrado de sus propios intereses, un ámbito de afirmación personal rodeado de la admiración de alumnos y maestros o una torre de marfil para gozar individualmente los placeres intelectuales vedados para la mayoría de los mortales. El estudio, por su dinámica propia, tiende a la comunicación.

Para Tomás, la predicación y la enseñanza están revestidas de una especial dignidad. La predicación es una forma de caridad, ya que busca la salvación de los demás y la gloria de Dios. La enseñanza, por su parte,

---

[7] TOMÁS DE AQUINO, *Suma de Teología*, III, q. 40, a. 1 ad 2.

es una forma eminente de servicio pues busca iluminar a los demás y ayudar a crecer en la fe y en el conocimiento de Dios. Se entiende así que el ensimismado y taciturno Tomás se lanzara a la predicación ardorosa de la palabra de Dios, y que desde los veinticinco años consumiera muchas horas de su vida en el estudio y en la enseñanza. Y su docencia se amplió con sus abundantes y profundos escritos, frutos de un trabajo intelectual extenuante, que todavía hoy nos deja asombrados.

El mundo medieval estuvo surcado por la pobreza, el hambre, las guerras y las epidemias (como la peste), que dejaron un rastro de sufrimiento y muerte; el mundo actual tampoco ha logrado erradicar de toda la tierra esas heridas, a pesar de los asombrosos adelantos técnicos. Ayer como hoy existen todavía insalvables desequilibrios sociales y económicos, donde la indigencia y la menesterosidad han despertado la conciencia de mujeres y hombres de bien. El sacrificio de todos ellos es encomiable: en no pocas ocasiones, la compasión los lleva a abandonar su zona de confort para ir a otros continentes para llevar a lugares remotos el consuelo y la ayuda material. Acabar con el hambre en el mundo, el dolor o la enfermedad es para muchos un ideal por el que merece la pena sacrificarse. Pero podemos estar tentados de pensar que satisfacer las necesidades materiales es suficiente para la humanidad sufriente, sin valorar el trabajo verdaderamente humanizador de miles de docentes diseminados por la tierra. No faltan los maestros y profesores desencantados, mal pagados y peor valorados por la sociedad; pero los hay también enamorados de su vocación de enseñar.

Tomás conoce a fondo el corazón del hombre y sabe que debe aspirar a mucho más que a satisfacer sus necesidades básicas: la felicidad humana trasciende la mera autoconservación. Cuando el Doctor Angélico hable de la felicidad, afirmará que «lo que la voluntad quiere con necesidad, como determinada a ello por inclinación natural, es el fin último, como la bienaventuranza, y aquellas cosas que se incluyen en él, como es el conocimiento de la verdad y otras cosas similares»[8]. Así pues, contemplar la verdad es parte integrante de la felicidad, es decir, un bien en sí mismo necesario para la plena realización del hombre. También el alimento es un bien del apetito sensible, pero tiene razón de medio: nos alimentamos para vivir y vivimos para ser felices. Contentarnos con distribuir alimentos a los menesterosos es olvidarnos de que están creados para la felicidad, y una felicidad eterna. Conocer la verdad y darla a conocer es un servicio lleno de caridad: quizá no hemos sabido agradecer lo suficiente a nuestros maestros su impagable dedicación y empeño.

---

[8] TOMÁS DE AQUINO, *De veritate*, q. 22, a. 5, c.

3.
TOMÁS EL MENDIGO

Junto a la vocación docente hay otro rasgo de la Orden Dominicana que atrajo la atención del joven Tomás: la pobreza. En efecto, la Orden de Predicadores es una de las órdenes mendicantes que surgieron en la Edad Media (junto a los franciscanos, agustinos o carmelitas) que viven de la limosna y de la mendicidad, y han renunciado a la posesión de bienes y a las riquezas. Tomás sintió el atractivo de una vida pobre con la que no estaba familiarizado. A partir de entonces, Tomás pasó a vivir en la mendicidad. Podemos imaginar la sorpresa y el rechazo de la familia. Con la ironía que le caracterizaba, Chesterton comenta:

Parece que el joven Tomás de Aquino se llegó un día al castillo de su padre y anunció fríamente que se había hecho fraile mendicante en la nueva orden fundada por el español Domingo; era como si el primogénito de una noble familia viniera al hogar e informara despreocupadamente que se había casado con una gitana, o el hijo mayor heredero del Estado de uno de los grandes ducados informara que mañana tomaría parte en la marcha del hambre organizada por supuestos comunistas[1].

Para Tomás, la pobreza implicaba la renuncia a los bienes materiales no por ser malos (todo bien, incluso el material, tiene su origen en Dios y rezuma de la bondad de Dios), sino porque la pobreza manifiesta una vida de plena dependencia de Dios. En efecto, la pobreza es «la renuncia a los bienes materiales por amor a Dios», y por eso la pobreza permite al hombre desprenderse de los bienes para dedicarse a la búsqueda de lo definitivo. La pobreza permite la libertad espiritual, es decir, liberarse de la esclavitud de los bienes materiales para buscar a Dios. En el caso de Tomás, su pobreza consistió en renunciar a unas riquezas que ya poseía, lo cual él mismo consideraba más costoso: «Ciertamente, una cosa es no querer apropiarse lo que no se tiene y otra, abandonar lo que ya se tiene: en el primer caso se rechaza algo extraño, mientras que el segundo equivale a arrancarse un miembro propio»[2]. ¿Cómo no descubrir en estas palabras algo de su propia experiencia?

¿Qué atractivo puede tener hoy la virtud de la pobreza? Seguramente, el mismo que tenía en tiempos de Tomás. En pleno siglo XXI, las comodidades se han multiplicado y podemos sentirnos más «atados» a bienes que nos parecen estrictamente necesarios (pensemos simplemente en el móvil o en los aparatos electrónicos que poseemos...). Seguramente a jóvenes, y no tan jóvenes, les costaría mucho desprenderse de ellos. Otros muchos bienes materiales nos facilitan una vida cómoda: esos

---

[1] G. K. CHESTERTON, *Santo Tomás de Aquino*, p. 48.
[2] TOMÁS DE AQUINO, *Suma de Teología*, II-II, q. 186, a. 3.

bienes nos proporcionan una «buena vida burguesa» a la que no estamos muy dispuestos a renunciar, pues nos proporcionan una cierta seguridad en el futuro.

La radicalidad de la pobreza mendicante liberó a Tomás de la seguridad (material) del futuro. Vivir al día, sin tener garantizado el mañana, es quizá uno de los principios evangélicos que más nos puede costar aceptar. Se trata de una actitud «escandalosa» y, sin embargo, es atractiva para quien no ha perdido todavía el sentido de la vida como aventura. Estar desprendido de los bienes materiales es una liberación, pero también un riesgo que la gente entrada en años no está dispuesta a asumir tan fácilmente.

Tomás de Aquino, como todos los santos de la historia, ha puesto su confianza en Dios y no en la seguridad material; por eso, su vida, mirada en perspectiva, nos parece tan apasionante, sin dejar de ser escandalosa para quien busque «seguridades». Para Tomás, optar por Cristo es la actitud «más segura», pues no hay peligro alguno que lo pueda amenazar:

> Quien deja todo por Cristo no se expone a ningún peligro espiritual ni corporal. Puede haber peligro espiritual cuando la pobreza no es voluntaria, porque, como consecuencia del afán de juntar dinero que padecen quienes son pobres contra su voluntad, el hombre cae en muchos pecados [...]. Pero este deseo, que es más ardiente en quienes poseen riquezas, [...] deja de existir en aquellos que escogen la pobreza voluntariamente. Tampoco existe peligro corporal para quienes, con el deseo de seguir a Cristo, dejan todas sus posesiones y se confían a la divina Providencia. Por ello, dice san Agus-

tín que [...] «para los que buscan el reino de Dios y su justicia no debe existir la preocupación de que les falte lo necesario»[3].

Para Tomás, la pobreza tiene mucho que ver con la felicidad. Poco más adelante añade:

> Existe una doble bienaventuranza o felicidad: una perfecta, que esperamos en la vida futura, y otra imperfecta, por la cual algunos son llamados bienaventurados ya en la vida presente. Ahora bien, la felicidad de la vida presente es doble: una correspondiente a la vida activa y otra, a la contemplativa [...]. Y a la felicidad de la vida activa, que consiste en las obras externas, contribuyen instrumentalmente las riquezas, puesto que [...] hacemos muchas cosas por medio de los amigos, de las riquezas y del poder civil, que son como instrumentos. Por el contrario, no contribuyen en gran manera a la felicidad de la vida contemplativa, sino que son más bien un obstáculo, en cuanto que la preocupación por ellas impide la tranquilidad del alma, que es sumamente necesaria para uno que se dedica a la vida contemplativa. Por eso dice el Filósofo [...] que para la acción se necesitan muchas cosas; pero el hombre que contempla no necesita de ninguna de ellas (es decir, de los bienes externos) para la contemplación, sino que son un obstáculo[4].

Palabras tan inactuales y escandalosas como las que el Divino Maestro pronunció durante su paso por la tierra cuando conminaba a no atesorar bienes en la tierra que se apolillan.

---

[3] *Ibid.*, ad 2.
[4] *Ibid.*, ad 4.

4.

Y EL HÁBITO HIZO AL MONJE

A finales de abril de 1244, Tomás recibió el hábito dominicano, probablemente, de manos de fray Tomás Agni de Lentini[1]. Vestir el hábito era ya un paso decisivo en la vocación: a partir de entonces, el hábito dominicano sería su seña de identidad, su modo de estar en el mundo y cómo quería darse a conocer a su familia y a todos los que le trataban. Una vez ingresado en la orden, debía permanecer un año en el convento «escuchando al lector de teología, y estudiando y formándose en la vida religiosa. Sin embargo, su madre –que se había enterado de esta secreta decisión de su hijo por sus vasallos, que le habían dado la noticia–, acompañada de su séquito, se dirigió a Nápoles con la intención de hacerle desistir»[2]. Los superiores del convento saben de la oposición de su madre y de sus hermanos y sospechan que irán en su búsqueda. Por eso, en mayo de 1244, Tomás sale hacia el convento de San-

---

[1] Cfr. J.-P. TORRELL, *Initiation à saint Thomas d'Aquin*, pp. 28-33.
[2] E. FORMENT, *Santo Tomás de Aquino*, Ariel, Madrid 2007, p. 38.

ta Sabina en Roma, en una pequeña comitiva en compañía del maestro general, Juan el Teutónico. Cuando la madre de Tomás llegó a Nápoles y le informan de que ya no está allí, se dirige a Roma. Y cuando llega a la Ciudad Eterna descubre que su hijo ya ha partido hacia Bolonia. Entonces envió un mensaje a sus hijos, que estaban con Federico II cerca de Orvieto, al norte de Roma, para que apresaran a Tomás y lo devolvieran a la casa familiar.

Según relata uno de sus biógrafos, Tolomeo de Lucca, su hermano Reginaldo, apenas supo que «su hermano estaba cerca [...], tomó consigo a Pedro de la Viña y a algunos de su familia. Fue y separó violentamente a su hermano del maestro general. Obligándole a montar a caballo, le envió, con una fuerte guardia, a uno de los castillos de la familia en la Campagna, llamado San Giovanni»[3]. Guillermo de Tocco describe con más colorido el apresamiento de Tomás; sus hermanos vigilaron todos los caminos que llevaban a Bolonia y «encontraron a Tomás con cuatro frailes descansando al borde de una fuente. Se abalanzaron sobre él, no como hermanos, sino como enemigos, intentando arrancarle el hábito por la fuerza. Tomás se agarró tan fuertemente a él, que fue imposible quitárselo [...]. Vestido con el hábito lo llevaron a su madre, que lo vio con gozo, pero no pudiendo persuadirlo de que dejara su hábito, mandó que lo custodiaran con cuidado en el castillo de Monte San Giovanni, una posesión de los Aquino, no

---

[3] T. DE LUCCA, «Historia ecclesiastica nova» XXII, c. 20 [169], en S. Thomae Aquinatis vitae fontes praecipuae, p. 356.

lejos de Roccasecca»[4]. Esto sucedió a mitad de camino hacia Bolonia, junto a una fuente cerca de Aquapendente.

Llama la atención que lo primero que intentan sus hermanos es despojarle del hábito dominicano; y no resulta menos llamativo la dura obstinación de Tomás resistiéndose a verse así desposeído. Tampoco los argumentos de su madre le hacen cambiar de opinión; sus hermanos no cejan en su empeño: le atacan, le insultan y amenazan, pero su ánimo se robustece en el combate. Parece que el objetivo fundamental era despojarle del hábito: «Sus hermanos le habían roto su hábito de la Orden, pensando que la vergüenza que sentiría al llevarlo desgarrado le obligaría a cambiar de vestimenta por otra más agradable. Tomás soportó esta injuria con gran paciencia, como si al llevar aquel hábito se hubiera revestido de Cristo. Y así se envolvió en aquellos harapos»[5].

Mientras tanto, sus hermanos de Orden no pudieron hacer nada para evitar que le arrebatasen a Tomás por la fuerza. El maestro general de la Orden protestó ante el papa Inocencio IV. Este se queja al emperador, quien, para no tensar más las relaciones con el Romano Pontífice, ordenó detener a los hermanos de santo Tomás. El emperador «preguntó a los frailes si querían querellarse por las injurias recibidas, pero temiendo un escándalo para la Orden y un peligro mayor para fray Tomás, desistieron totalmente en proponer una quere-

---

[4] G. DE TOCCO, «Hystoria beati Thomae de Aquino» [9], pp. 38-39; cfr. V. FORCADA, *Santo Tomás de Aquino*, p. 30; E. FORMENT, *Santo Tomás de Aquino*, p. 46.

[5] G. DE TOCCO, «Hystoria beati Thomae de Aquino» [10], p. 40.

lla, *y sobre todo cuando supieron que este joven seguía vistiendo el hábito de la Orden*, incluso cuando estaba custodiado en la cárcel»[6], lo cual era una señal clara de que fray Tomás seguía firme en su decisión. A lo largo de su encerramiento en el castillo familiar, al ver la firmeza de su vocación dominicana, su madre afloja la vigilancia y permite la visita regular de fray Juan de San Julián, quien le proporciona vestidos religiosos.

De nuevo el joven Tomás hace gala de una obstinación y tozudez aparentemente irracional. ¿Por qué tanto empeño en vestir las pobres ropas de los mendicantes? ¿Por qué no ceder en una prenda de vestir meramente externa, cuando su interior se hallaba firme y decidido en su vocación dominicana? ¿No sería una táctica mucho más sagaz consentir en cambiar de ropajes esperando una situación más propicia para después volver a vestir el hábito dominicano? En todo caso, la terca respuesta a los requerimientos de sus hermanos está muy lejos de la imagen del religioso pacífico, bonachón y complaciente que nos podríamos haber forjado con la imaginación. El joven novicio no consiente de ningún modo en despojarse de sus hábitos. Vamos a intentar escudriñar el alma de Tomás para comprender su modo de proceder.

La antropología tomasiana concibe a la persona como una unidad sustancial de cuerpo y alma, dos coprincipios que se reclaman mutuamente. En efecto, «el alma es la forma sustancial del cuerpo, y es el principio de la vida y de la operación del cuerpo»[7]. Esto quiere

---

[6] *Ibid.*, [9], p. 39.
[7] TOMÁS DE AQUINO, *Suma de Teología*, I, q. 75, a. 1.

decir que la trabazón interna entre cuerpo y espíritu es muy íntima y fuerte. Lo que le pasa al cuerpo afecta al espíritu; y el espíritu se manifiesta a través del cuerpo. Por ejemplo, el rostro manifiesta el estado del alma (risa, llanto, tristeza, preocupación). Por eso se dice que el rostro es un espejo del alma: a través de la expresión facial se pueden percibir las emociones y los estados de ánimo de una persona. Ya en la Antigüedad clásica y en la Edad Media se conocía y cultivaba la ciencia conocida por «fisiognomía», basada en la idea de que por el estudio de la apariencia externa de una persona (sobre todo su rostro) puede conocerse el carácter o personalidad de esta. Algo parecido, con las debidas adaptaciones, podría decirse del vestido o hábito con el que nos cubrimos. Por consiguiente, el cuerpo no es un caparazón inerte del alma, pues «el alma y el cuerpo no son dos sustancias completas, sino que son partes de una sustancia completa, que es el hombre»[8]. La persona actúa en el mundo a través del cuerpo, y no solo con pensamientos e intenciones albergadas en el alma espiritual: «El cuerpo es el instrumento del alma, y a través de él, el alma puede interactuar con el mundo exterior»[9].

Por poner un ejemplo, el lenguaje es un paradigma de la unidad de cuerpo y espíritu que es el hombre. El sonido o voz emitida por el hablante manifiesta sus ideas o pensamientos, que son de índole espiritual: si no se articulara fonéticamente la voz, no se podrían manifestar nuestros deseos más íntimos y personales.

---

[8] Id., *Suma de Teología*, I, q. 75, a. 4 ad 2.
[9] Id., *Suma de Teología*, I, q. 76, a. 1. Cfr. Id., *SCG* II, 56-58 y 68-72.

Como muchas veces recordará el maestro Tomás, la unión entre el cuerpo y el alma es mucho más íntima y fuerte que la de un mero «disfraz» que oculta su verdadero ser. Así pues, las manifestaciones corporales son el cauce adecuado para la expresión del alma y sus aspiraciones más íntimas.

En el caso de los religiosos, el hábito es un signo externo de la dedicación y el compromiso interior de la persona con Dios y su Orden. En este sentido, el hábito religioso se puede ver como una manifestación externa de un hábito interior, es decir, de una disposición y un compromiso que se ha desarrollado a través de la práctica y la dedicación a un modo de vida determinado. Aunque Tomás de Aquino no se refiere directamente al hábito religioso en su discusión sobre el concepto de hábito, la idea de que los hábitos son disposiciones que se desarrollan a través de la práctica y la repetición de actos se puede aplicar a la vida religiosa y al uso del hábito como signo de identidad y compromiso. «El hábito es una cualidad difícil de remover, por la cual algo se dispone bien o mal»[10]. El hábito es una disposición estable y permanente, fruto de decisiones libres articuladas de manera unificada: «Los hábitos se causan por los actos, en cuanto que la potencia se dispone de una manera determinada por los actos»[11]. El modo de ser de una persona o su modo de presentarse ante los demás se manifiesta en unos hábitos libremente adquiridos por la repetición de actos. En definitiva, el hábito religioso es un símbolo externo de un compromiso in-

_____

[10] Id., *Suma de Teología*, I-II, q. 49, a. 2 ad 3.
[11] Id., *Suma de Teología*, I-II, q. 51, a. 2.

terior, y se pueden considerar una manifestación de los hábitos interiores que se han desarrollado a través de la práctica y la dedicación a una forma de vida determinada.

Así pues, para Tomás de Aquino, el hábito es mucho más que un «cascarón externo» que se utiliza solo para protegerse del frío o de las inclemencias del tiempo. El hábito o el vestido podría llegar a ocultar la verdadera naturaleza de la persona (el disfraz), pero principalmente es la expresión más veraz de qué quiero ser en la vida. Desde el punto de vista antropológico (y ético), la virtud es un hábito que define a la persona: una cristalización de la persona que define lo que soy y lo que quiero ser.

Desde luego, toda actividad requiere una indumentaria adecuada y proporcionada para desarrollarla: ir ataviado con un frac para hacer montañismo es estrafalario y contraproducente e ir a una recepción oficial a una embajada con ropa de excursión es una descortesía. Es cierto que el modo de presentarnos depende de las circunstancias concretas: un juez va con la toga, un médico con su bata, un bombero con sus botas, casco y traje de amianto; pero cuando estos profesionales participan en una barbacoa, deben cambiar de vestuario.

El problema de fondo es que en el mundo actual son tantos los roles que nos reclama la sociedad, que en el fondo podemos perder nuestra propia identidad: ¿quién soy yo?, o todavía más importante, ¿quién deseo ser?, ¿qué identidad deseo manifestar? No podemos vivir en una loca carrera de disfraces que haga olvidar la índole moral de mi vida, es decir, lo que unifica mi verdadera orientación vital.

El hábito para fray Tomás manifestaba su identidad, su elección de vida, la manifestación más radical de libertad: renunciar al hábito equivaldría a dejar de ser protagonista de su propia vida, a cambiar su identidad por la que otros (en este caso, su madre y sus hermanos) querían imponerle. Era su propia libertad más íntima la que estaba en juego; y prevaleció esta frente a la de aquellos que deseaban sustituir su modo de vivir, por un estilo de pensar y de vivir «más razonable». Con apenas veinte años, Tomás ya estaba dispuesto a no dejar que otros definieran su propia identidad; sería como aceptar que otros escribieran la historia de su vida, su biografía interior.

Tomás de Aquino quería que su vida fuera reconocida por sus contemporáneos (y los que vendríamos después) como la de un dominico, predicador y mendicante: esa era su verdadera identidad y el programa de su vida. Lógicamente, no todos deben vestir hábito religioso, ni debe identificarse totalmente la personalidad con una determinada vestimenta; pero la tozuda actitud del joven Tomás nos puede interpelar todavía hoy: ¿cuál es mi verdadera identidad?, ¿qué quiero ser de modo radical en mi vida?, ¿cuáles son mis señas de identidad personal, mi proyecto de vida por el que estoy dispuesto a sacrificarlo todo? ¿Quiero ser protagonista de mi biografía o que las modas culturales del momento modelen mi modo de pensar y de vivir?

5.
EL FRAILE Y
LA PROSTITUTA

Van pasando los meses y Tomás de Aquino sigue en esa suerte de arresto domiciliario en el castillo familiar. No es, sin embargo, tiempo perdido. Tomás continúa vistiendo el hábito y, en la medida en que lo permite su situación, prolonga la vida propia de un fraile novicio. Guillermo de Tocco señala que fue un tiempo provechoso para rezar, leer las Sagradas Escrituras y estudiar las *Sentencias* de Pedro Lombardo. Incluso se creyó hasta bien entrado el siglo XX que, durante esta reclusión, había escrito algunas obras lógicas sobre las falacias y las proposiciones modales, aunque la crítica literaria posterior ha mostrado que eran inauténticas[1]. Además de avanzar en su formación, Tomás también realizó cierto apostolado familiar; hablaba frecuentemente con sus hermanas y, al parecer, «convenció» a una de ellas, Marota, de tomar el hábito como benedic-

---

[1] G. DE TOCCO, «Hystoria beati Thomae de Aquino» [10], p. 40; cfr. J.-P. TORRELL, *Initiation à saint Thomas d'Aquin*, pp. 484-485.

tina. En pocas palabras, Tomás supo aprovechar esta reclusión para seguir creciendo en su vida espiritual.

Quienes no llevaban muy bien la espera eran sus hermanos. Habían raptado al joven novicio para que abandonara el propósito de hacerse dominico, pero su hermano pequeño se mantenía firme en su decisión. Concibieron entonces un plan sencillo, pero aparentemente eficaz. Probablemente, a espaldas de su madre y hermanas introdujeron una mujer joven en su habitación para que le incitase a pecar[2]. «Una noche, sus hermanos, que vivían habitualmente en el mundo de las armas, le introdujeron en la habitación donde dormía a una mujer de mala reputación, amiga de los militares»[3]. La tentación era fuerte y sus biógrafos no la endulzan: se trataba de un ataque con el que «se derriban las torres, las peñas se ablandan y los cedros del Líbano caen».

La estrategia era clara: si no conseguían apartarlo de su vocación religiosa por la fuerza, lo intentarían por la seducción. «Tomando Tomás un tizón de fuego que ardía en el fogón, la expulsa de la habitación y, llegando al ángulo de esta, traza con el madero en combustión el signo de la cruz y, postrado en tierra, pide a Dios llorando conservar siempre incorrupta la castidad. Entonces se quedó dormido y soñó que los ángeles le ceñían un cíngulo, que era el de la castidad. Se lo

---

[2] La razón es sencilla: «Es seguro que Teodora nunca hubiese aprobado que se utilizase una prostituta para seducir a su hijo preferido». J. A. WEISHEIPL, *Tomás de Aquino. Vida, obras y doctrina*, Eunsa, Pamplona 1994, p. 53.

[3] E. FORMENT, *Santo Tomás de Aquino*, p. 46.

contó el mismo Tomás a su socio Reginaldo con toda humildad en la hora de la muerte»[4].

La escena ha quedado inmortalizada en numerosos cuadros, quizá el más famoso el de Velázquez, pero no se trata de una simple anécdota, sino de un elemento clave en el camino intelectual de Tomás y una muestra concreta de su «normalidad» humana. Fijémonos, en primer lugar, en la reacción vehemente con que responde a la tentación. Quizá alguno podría pensar que se trata de una respuesta desproporcionada, pero el mismo Tomás señalará en su obra que, ante ciertas tentaciones, la mejor estrategia es eliminarlas de raíz y eso fue lo que hizo. Es algo que han hecho muchos santos a lo largo de la historia. Pensemos, por ejemplo, en san Francisco de Asís que, ante una tentación contra la pureza, se arrojó a un rosal... y el rosal floreció en pleno invierno. La respuesta puede parecer exagerada, pero nos ayuda a mirar a estos santos en toda la realidad de su condición humana. La tentación existía y tenía fuerza y, por lo mismo, respondieron proporcionalmente para alcanzar la victoria.

Tomás no era flemático y frío, sino un hombre apasionado que supo defender lo que amaba. Por eso se trata, ciertamente, de acciones sorprendentes, pero subyace una idea muy simple: «Antes morir que pecar». Lo que estaba en juego para Tomás no era simplemente su vocación dominicana, sino la conservación de lo más preciado, a saber, la gracia de Dios. En la *Suma de Teología* se encuentra una afirmación ad-

---

[4] V. FORCADA, *Santo Tomás de Aquino*, pp. 32-33.

mirable que nos permite entrever la escala de valores con la que Tomás juzgaba las cosas en la tierra. Tratando sobre la justificación, afirma que «el bien de la gracia de un solo individuo es superior al bien natural de todo el universo»[5]. Si rechazó la tentación, no fue por una valoración negativa de la sexualidad ni por una represión autoimpuesta propia de los «oscuros siglos medievales», sino simplemente porque dicha reacción le permitía conservar un bien mayor previamente recibido y elegido.

Antes dijimos que no se trataba de una simple anécdota, sino de un elemento clave en su vida intelectual. Recogiendo la bienaventuranza que establece que «los limpios de corazón verán a Dios», Tomás vincula estrechamente la virtud de la templanza, y particularmente la de la castidad, con la sabiduría. Por un motivo muy sencillo: los placeres y deleites sensibles vuelven nuestra mirada a las cosas de la tierra y nos distraen de la contemplación de las verdades más altas. Por eso, entre las virtudes morales, la templanza es aquella que al menos dispositivamente más favorece el ejercicio intelectual, «pues es la que reprime las concupiscencias que se oponen máximamente a la luz de la razón»[6]. En este sentido, el papa Pío XI, en la encíclica *Studiorum ducem*, afirmó que «si la pureza de santo Tomás hubiera sido vencida, verosímil es que la Iglesia no hubiera tenido a su Angélico Doctor»[7].

---

[5] TOMÁS DE AQUINO, *Suma de Teología*, I-II, q. 113, a. 9 ad 2.
[6] TOMÁS DE AQUINO, *Suma de Teología*, II-II, q. 180, a. 2 ad 3.
[7] Pío XI, *Studiorum ducem*, AAS 15 (1923), p. 321.

El fraile salió vencedor ante la tentación de la prostituta y Dios premió a Tomás con una pureza perfecta durante toda su vida. Reginaldo de Piperno, su amigo y confesor, testificó después de su muerte que en su última confesión no había encontrado más pecados que los propios de un niño de cinco años[8]. Resulta entrañable pensar en el corpulento dominico, una autoridad intelectual reconocida incluso por el Sumo Pontífice, que al momento de su muerte muestra en su interior esa ingenuidad infantil propia de los santos. Es verdad que por su pureza mereció elevarse a los niveles más altos de la contemplación, pero también debemos recordar las palabras del evangelio. «Yo te alabo, Padre, Señor del cielo y de la tierra, porque has ocultado estas cosas a los sabios y prudentes y las has revelado a los pequeños» (Lc 10, 21).

Uno de sus estudiosos sugiere que la victoria sobre esta fuerte tentación carnal facilitó «una participación especial en la vida angélica. [...] Gracias a ella, en sus obras, realizó un estudio sobre la naturaleza espiritual del ángel que no ha sido superado»[9]. La sugerencia sería pertinente si al mismo tiempo afirmamos la profunda humanidad «encarnada» de Tomás: en sus obras no hay desprecio a la carne ni al cuerpo. Como botón de muestra encontramos los cinco remedios para combatir la tristeza: «concederse un placer o deleite» (una buena comida o escuchar música, pongamos como ejemplo); «descansar y cuidar el cuerpo» (como darse

---

[8] Cfr. B. Gui, «Legenda sancti Thomae Aquinatis» [78], en S. *Thomae Aquinatis vitae fontes praecipuae*, p. 137.
[9] E. Forment, *Santo Tomás de Aquino*, p. 47.

un baño, dice Tomás). Un seguidor de Epicuro no tendría nada que objetar. Y un buen aristotélico estaría encantado con el tercero: «buscar la compañía de los amigos». Y san Francisco de Asís gozaría con el cuarto: «contemplar la belleza», por ejemplo, de la naturaleza. El quinto es un remedio tan eficaz como antiguo: «llorar», que alivia el peso del dolor[10].

Un último detalle antes de cerrar la anécdota. Tomás ha sido raptado por sus hermanos, le han querido arrebatar el hábito que libremente había escogido, lo han «encerrado» en un castillo y, queriendo disuadirlo de su vocación, han introducido una prostituta en su habitación. ¿Cómo reaccionó Tomás frente a su familia? Curiosamente, a lo largo de su vida mantuvo una estrecha relación con sus hermanos y hermanas. Lloró la muerte de su hermano Reginaldo, visitó frecuentemente a sus parientes cuando pasaba por el Reino de Sicilia y fue también albacea de su cuñado... A pesar de todo lo vivido, santo Tomás permaneció vinculado con su familia y siempre manifestó por ella su cariño.

---

[10] Cfr. TOMÁS DE AQUINO, *Suma de Teología*, I-II, q. 38: «los remedios de la tristeza o dolor».

6.
HAY QUE OBEDECER A DIOS ANTES QUE A LOS PADRES

Después de veinte meses en Roccasecca, finalmente logra escaparse del castillo familiar descolgándose con una cuerda por una ventana de su aposento[1]. Podemos pensar que se trataba de la comprensible rebeldía del adolescente que de modo ligero se lanza a la aventura desafiando la autoridad paterna. En todo caso, no parece ser un buen ejemplo de obediencia ni, desde luego, un modelo para imitar en el cuarto mandamiento del Decálogo. Para nuestra mentalidad, más razonable y cuerda, hubiera sido mejor obrar con más tacto y respeto a la autoridad (en este caso, de su madre y hermanos mayores). Sin embargo, Tomás nos sorprende por vivir de manera ejemplar y radical la obediencia (y el cuarto mandamiento), como explicará en la *Suma de Teología*.

Santo Tomás de Aquino abordará el estudio de la virtud de la obediencia y el cuarto mandamiento en la parte moral de la *Summa*. Según él, la obediencia es

---

[1] B. GUI, «Legenda sancti Thomae Aquinatis» [79], 138.

una virtud moral que implica someterse a la voluntad de otro, constituido en calidad de superior, en virtud de la autoridad recibida de Dios: «No es una virtud teologal, porque su objeto no es propiamente Dios, sino el mandato de cualquier superior, explícito o implícito»[2]. Así pues, la obediencia tiene por objeto el mandato proveniente de un hombre constituido en calidad de superior. Como virtud moral (y no teologal), puede desvirtuarse tanto por defecto como por exceso. Por defecto se desvirtúa al no obedecer a quien se debe; por exceso, por obedecer a quien no se debe o en cosas que no se debe. Alguien que no presta obediencia al superior (padres o príncipes) en aquellas cuestiones debidas, no está viviendo la virtud de la obediencia; pero tampoco vive bien esta virtud quien obedece a quien no le debe obediencia; o el que obedece al superior que manda cosas que salen de su competencia o, simplemente, se oponen a la ley de Dios. Con estas palabras lo explica el Doctor Angélico:

> Hay dos razones por las que puede acontecer que el súbdito no esté obligado a obedecer en todo a su superior. Primero, por un precepto de una autoridad mayor; [por eso] si el emperador manda una cosa y Dios otra, se debe obedecer a este y no hacer caso de aquel. Segundo, el inferior no está obligado a obedecer al superior si le manda algo en lo que el súbdito no depende de él. [...] Se equivoca el que cree que la servidumbre afecta al hombre entero. Su parte más noble está exenta. Los cuerpos están sometidos y entregados como esclavos a sus

---

[2] Tomás de Aquino, *Suma de Teología*, II-II, q. 104, a. 2 ad 2.

dueños; pero el alma es dueña de sí misma. Por consiguiente, en lo que se refiere a los actos interiores de la voluntad, el hombre no está obligado a obedecer a los hombres, sino solo a Dios.

Para Tomás, la virtud de la obediencia es algo costoso y difícil en ocasiones, pues renunciar a la voluntad propia es un sacrificio real. Pero esa obediencia se debe principalmente a Dios, y solo en virtud de esa obediencia se debe vivir la obediencia participada a los hombres. No hay en esto indignidad ni opresión; también los que mandan deben obedecer a Dios.

> Está obligado, sin embargo, un hombre a obedecer a otro en las obras externas corporales. Lo que no quita para que aun en estas se excluyan los actos que interesan a su naturaleza corporal, en los que no debe obedecer a los hombres, sino únicamente a Dios, porque todos los hombres por naturaleza son iguales; por ejemplo, en lo que se refiere al sustento del cuerpo y a la generación de la prole. De ahí que no estén obligados ni los siervos a obedecer a sus señores ni los hijos a sus padres en lo tocante a contraer matrimonio o guardar virginidad y en otros asuntos semejantes. Pero en lo que se refiere a la disposición de los actos y asuntos humanos, el súbdito está obligado a obedecer a su superior según los distintos géneros de superioridad: y así, el soldado debe obedecer a su jefe en lo referente a la guerra; el siervo, a su señor en la ejecución de los trabajos serviles; el hijo, a su padre en lo que tiene que ver con su conducta y el gobierno de la casa; y lo mismo en otros casos[3].

---

[3] Tomás de Aquino, *Suma de Teología*, II-II, q. 104, a. 5.

Así pues, «el cuarto mandamiento se refiere a la honra que se debe a los padres y a los superiores, en cuanto que son representantes de Dios»[4]. En otras palabras, se debe obediencia a los padres como mediadores entre Dios y cada uno; pero si los padres dejan de cumplir su función mediadora, no solo se les puede desobedecer, sino que hay obligación de desobedecerles. Y por si hubiera duda, continúa Tomás de Aquino:

> El hombre está sometido sin restricción alguna a Dios en todo, en lo interior y en lo exterior; y, por consiguiente, debe obedecerle en todo. Los súbditos, en cambio, con respecto a sus superiores, no lo están en todo, sino en determinadas materias, y en estas los superiores son intermedios entre Dios y sus súbditos. En las otras cosas, sin embargo, están sometidos inmediatamente a Dios, que los instruye por la ley natural o por la escrita[5].

Estas palabras pueden sonar a una cierta invitación a la desobediencia y a la rebeldía con respecto a los padres y superiores. En todo caso, son una declaración de la dignidad humana: nadie es dueño de la vida de otro hombre tomada esta en su conjunto. Un empleado está obligado a trabajar bien en el horario establecido; un arquitecto está obligado a llevar a cabo la obra contratada; un médico está obligado a atender a los enfermos; pero nadie está en condiciones de forzar la conciencia de nadie. Y esto es una declaración de intenciones frente a todo totalitarismo que invasivamente se entromete en la vida de las personas. Pero también es una llama-

---

[4] Id., *Suma de Teología*, II-II, q. 101, a. 1.
[5] *Ibid.*, ad 2.

da a la responsabilidad personal, pues no cabe refugiarse en la obediencia para atropellar la vida de personas inocentes. El hombre es responsable de sus actos y esa responsabilidad (capacidad de «responder de las propias acciones») es inesquivable.

En definitiva, los padres hacen bien en procurar el bienestar y la educación de sus hijos y velar por su futuro, pero sin olvidar que no son dueños de sus vidas. Su misión es prepararlos para que sepan decidir por sí mismos lo que desean ser. En este sentido, los padres no pueden arrogarse el derecho de propiedad de sus hijos en lo que se refiere a su vocación: intentar monopolizar la elección que el hijo desea seguir en la vida (en la vocación profesional, la elección de estado o de esposa) es un error de los padres por «proyectar» en los hijos los propios anhelos. En última instancia, los hijos deben ser los verdaderos protagonistas de sus vidas; y en ningún caso querer sustituir a Dios. En la vocación de los hijos (especialmente, en su vocación de entrega a Dios), los padres no tienen ningún derecho para coaccionar u obstaculizar la decisión del hijo (aunque, lógicamente, puedan y deban aconsejar lo que vean oportuno).

Calderón de la Barca afirmó algo parecido de manera maravillosa en *El alcalde de Zalamea:* «Al rey, la hacienda y la vida se ha de dar, pero el honor es patrimonio del alma, y el alma solo es de Dios». Para algunos que detentan la autoridad en la tierra, esto no puede dejar de ser incómodo.

7.
UN BUEY SILENCIOSO
(Y HUMILDE)

Los Aquino han renunciado a sus planes de grandeza para Tomás y le dejan abrazar la vida de los dominicos en el convento de Nápoles. Pero su estancia allí fue breve. En 1246 acompañó al maestro general, Juan el Teutónico, a París, donde se celebró el capítulo general de la Orden. Los superiores de Tomás desean que se quede en dicha ciudad para que complete ahí su formación... lejos de su familia y en un contexto intelectual más adecuado. El joven novicio napolitano permaneció en el convento dominicano de Sant-Jacques hasta los primeros meses de 1248, continuando sus estudios de artes en la Universidad de París. Así pues, Tomás tuvo desde muy joven una excelente formación humanística en lógica, dialéctica y retórica; en Nápoles y París tuvo también magníficos maestros de artes, buenos conocedores de la filosofía aristotélica, que despertaba admiración y curiosidad, pero también recelos entre los teólogos más tradicionales. Además, en el convento de Sant-Jacques, Tomás comenzó a asistir a las lecturas de teología de Alberto Magno, quien era su maestro y mentor.

El capítulo general de la Orden de Predicadores de julio de 1248 decidió crear en Colonia un Estudio General y le encargaron de la organización docente a Alberto (ya entonces conocido como «Magno»), que entonces ocupaba con gran éxito la cátedra de extranjeros de la Universidad de París. Es difícil exagerar la importancia de este maestro dominico en la historia del pensamiento medieval, en unos momentos en los que con cierto recelo se comenzaban a leer, es decir, explicar, los libros de Aristóteles en la universidad: «San Alberto comentó estas y otras obras con un nuevo método. En lugar de seguir el orden del libro y ceñirse a su texto, estableció una nueva ordenación y, además, introdujo en el comentario sus propias doctrinas. El texto quedaba así no solo enriquecido, sino también cribado de sus desviaciones y errores»[1]. Tomás aprendió bien este programa de lectura del Estagirita.

Alberto había percibido ya algo de la genialidad de su joven discípulo napolitano, y por eso no dudó en llevárselo consigo a Colonia. Llegaron al acabar el curso académico (las clases terminaban el 29 de junio y comenzaban el 14 de septiembre) cuando se comenzaba a construir la famosa catedral. Tomás permanecerá en Colonia tres cursos. Tenía entonces unos 24 años y es allí, en el *studium generale* coloniense, donde empezó a darse a conocer al mundo y en el que recibió el apodo que le hizo famoso.

---

[1] E. FORMENT, *Santo Tomás de Aquino*, p. 58.

Muy a su pesar, Tomás llamaba la atención de todos por su constitución física y por su carácter reservado. Así lo describen sus biógrafos: «El estudiante napolitano era de alta estatura y de recia contextura. Por eso, sus hermanos de hábito y condiscípulos comenzaron a llamarlo cariñosamente "el buey mudo de Sicilia". Era muy taciturno, apenas hablaba», apunta delicadamente Forcada[2]. Chesterton, menos diplomático y quizá identificándose con la corpulencia del santo dominicano, afirmaba: «Santo Tomás fue un ingente y pesado toro, un hombre grueso, lento y tranquilo, muy apacible y magnánimo, pero no sociable; reservado aún más allá de la humildad de la santidad y retraído». Y poco después, añade: «Era un muchacho pesado, grave y apacible y dotado de una prodigiosa capacidad de silencio, al punto que no abría la boca»[3]. Por su parte, Torrell recoge el sentir de sus primeros biógrafos, para quienes Tomás «era tan grande que debido a la masa de su cuerpo se le llamaba el buey de Sicilia»[4]. La corpulencia de Tomás era palpable, pero no causaba temor: un buey embravecido sería más digno de temor que de burla. Parecía un buey silencioso: era un rasgo de su carácter, pero es posible que no fuera por una timidez innata, sino que hubiera algo más que la reserva natural.

En la *Suma de Teología*, Tomás afirma que la virtud de la humildad se manifiesta en signos externos, como, por ejemplo, «en las palabras, de modo que el hombre

---

[2] V. Forcada, *Santo Tomás de Aquino*, p. 35.
[3] G. K. Chesterton, *Santo Tomás de Aquino*, p. 12 y p. 48.
[4] J.-P. Torrell, *Initiation à saint Thomas d'Aquin*, p. 49.

no gaste el tiempo en palabras vanas [...] ni se exceda en el modo de hablar»[5]. Y en la carta a fray Juan en la que le da algunos consejos prácticos para el estudio, le manda «que sea tardo en el hablar y que llegue tarde al locutorio [...]; que no indague en absoluto acerca de las acciones ajenas [...] ni se entrometa, de ningún modo, en las palabras y en las acciones de los seglares». El verdadero sabio parece estar más inclinado a escuchar reflexivamente que a intervenir con sus explicaciones, y así continúa aconsejando a fray Juan: «Procura entender cuanto leas y escuches [...]. Guarda con diligencia en el armario de tu mente todo lo que puedas como quien desea colmar un vaso». Todo parece indicar que un sabio está más pronto a escuchar que a hablar. Y esto vale también para tratar a Dios; por eso aconseja también a fray Juan: «No dejes de entregarte a la oración»[6].

Así pues, su silencio no parece tratarse solo de una disposición de su temperamento, sino de un modo de ser deliberado, como una señal externa de humildad. Estamos acostumbrados a que hombres que pasan por ser inteligentes sean especialmente habladores para mostrar a todos su ingenio; es fácil que a una inteligencia despierta le siga una palabra fácil con la que imponerse en los debates y a la hora de tomar decisiones. Todo esto es ajeno a la peculiar personalidad de Tomás de Aquino, aun a costa de parecer a los ojos de los demás como alguien de corta inteligencia. Así se entiende bien esta anécdota de su periodo en Colonia: «El Maes-

[5] TOMÁS DE AQUINO, *Suma de Teología*, II-II, q. 161, a. 6.
[6] TOMÁS DE AQUINO, «Carta a fray Juan».

tro Alberto explicaba en clase el libro *De los nombres divinos,* de Dionisio el pseudo-Areopagita. La doctrina era intrincada y profundísima. Fray Tomás estaba como distraído y ensimismado. Un condiscípulo, por compasión, se ofreció a repetirle la lección y él, humildemente, lo aceptó con gratitud»[7]. La anécdota no deja de reflejar la personalidad del joven Tomás para quien «la humildad, como virtud especial, considera principalmente la sujeción del hombre a Dios, en cuyo honor se humilla sometiéndose incluso a otros»[8]. La obediencia y la escucha son, pues, dos manifestaciones de humildad en lo que tiene de sujeción a Dios, y no por la servidumbre a una criatura. Ciertamente, Tomás conocía bien la psicología humana, herida por el pecado original:

> La humildad, en cuanto virtud, lleva consigo cierto laudable rebajamiento de sí mismo. Esto se hace, a veces, solo con signos externos y es fingido, constituyendo la falsa humildad, de la cual dice san Agustín [...] que es gran soberbia, porque parece que busca la excelencia de la gloria. Pero a veces se hace por un movimiento interno del alma, en cuyo caso, la humildad se considera como virtud propiamente dicha, porque la virtud no consiste en manifestaciones externas, sino principalmente en la decisión interna de la mente[9].

La humildad verdadera no se halla, por tanto, en los signos externos, que más bien pueden «disfrazar» la soberbia de querer aparentar una virtud que, en realidad,

---

[7] V. FORCADA, *Santo Tomás de Aquino,* pp. 36-37.
[8] TOMÁS DE AQUINO, *Suma de Teología,* II-II, q. 161, a. 1 ad 5.
[9] *Ibid.,* ad 2.

no se posee. La humildad implica reconocer la verdad sobre uno mismo y su relación de dependencia con respecto a Dios: esta es la verdad más radical del hombre que ni se sobreestima ni se autodesprecia. En consecuencia, la humildad está relacionada con el conocimiento de uno mismo y de la grandeza de Dios, lo cual implica reconocer su soberanía y someterse a su voluntad.

Todo esto conecta muy de cerca con el pensamiento moderno, concretamente, con el humanismo, es decir, el valor y la dignidad del hombre; y más concretamente están apuntando a un tema central en la Modernidad: si la verdad del hombre es su absoluta dependencia de Dios, el hombre en sí mismo carece de valor y de dignidad. Para el espíritu ilustrado, la grandeza y el poder de Dios (y sus leyes) es incompatible con la grandeza humana. De manera más o menos sofisticada se ha afirmado: «demasiado Dios sofoca al hombre», pero con palabras de Benedicto XVI podemos afirmar que Dios no oprime nuestra vida, sino que la eleva y la hace grande.

> El hecho de que nuestros primeros padres pensaran lo contrario fue el núcleo del pecado original. Temían que, si Dios era demasiado grande, quitara algo a su vida. Pensaban que debían apartar a Dios a fin de tener espacio para ellos mismos. Esta ha sido también la gran tentación de la época moderna, de los últimos tres o cuatro siglos. Cada vez más se ha pensado y dicho: «Este Dios no nos deja libertad, nos limita el espacio de nuestra vida con todos sus mandamientos. Por tanto, Dios debe desaparecer; queremos ser autónomos, independientes. Sin este Dios, nosotros seremos dioses, y haremos lo que nos plazca». [...] Lo mismo sucede en la época

moderna. Antes se pensaba y se creía que, apartando a Dios y siendo nosotros autónomos, siguiendo nuestras ideas, nuestra voluntad, llegaríamos a ser realmente libres, para poder hacer lo que nos apetezca sin tener que obedecer a nadie. Pero cuando Dios desaparece, el hombre no llega a ser más grande; al contrario, pierde la dignidad divina, pierde el esplendor de Dios en su rostro. Al final se convierte solo en el producto de una evolución ciega, del que se puede usar y abusar. Eso es precisamente lo que ha confirmado la experiencia de nuestra época[10].

Así pues, es preciso recalibrar la verdadera naturaleza de la humildad. Tomás de Aquino nos da unas pautas para repensarla:

> El desear cosas más altas por la confianza en las propias fuerzas es contrario a la humildad. Pero el auxilio divino no se opone a la humildad, sobre todo porque el hombre se exalta más ante Dios por el hecho de rebajarse a él mediante la humildad. Por eso dice san Agustín [...]: Una cosa es levantarse a Dios y otra levantarse contra él. Quien se prosterna ante él es levantado por él; quien se levanta contra él es echado fuera por él[11].

Aspirar a cosas grandes no es contrario a la naturaleza humana cuando se hace de modo ordenado, es decir, de acuerdo con la verdad del hombre, y según la omnipotencia y bondad de Dios:

> La humildad se ocupa principalmente del apetito, en cuanto que el hombre refrena el ímpetu de su

---

[10] Benedicto XVI, *In sollemnitate Assumptionis B. Mariae Virginis*, AAS (2005) 875.

[11] Tomás de Aquino, *Suma de Teología*, II-II, q. 161, a. 2 ad 2.

ánimo para que no busque desordenadamente las cosas grandes. Pero tiene en el conocimiento su norma, la cual consiste en que nadie se sobreestime. [...], hay algo que pertenece a la raíz de la humildad: es decir, temer a Dios y conservar vivo el recuerdo de todos sus mandamientos. Figura, igualmente, algo propio del apetito: el no buscar desordenadamente la propia excelencia. Esto tiene lugar de tres modos. En primer lugar, no siguiendo la propia voluntad [...]. En segundo lugar, regulándola según el juicio del superior [...]. En tercer lugar, no arredrándose ante las cosas duras y ásperas[12].

La humildad, pues, lleva al hombre a la magnanimidad, a aspirar a empresas grandes, aunque sean arduas. En ese sentido, la libertad humana se abre a la grandeza de Dios y alcanza su realización más plena. El cristianismo es un espacio abierto a la libertad interior. Así lo experimentaron los santos y así lo pensaron los teólogos, como santo Tomás: Dios nos abre a la verdadera libertad; es más, la experiencia de Dios es liberadora.

Pero volvamos a nuestro «buey mudo» recibiendo las lecciones de su compasivo compañero: «Un día, llega un momento en que el condiscípulo comienza a titubear, a enredarse, a confundir las explicaciones. Entonces fray Tomás repite puntualmente la lección del Maestro, añadiendo muchas cosas que el profesor no había dicho. El compañero le suplica sea él quien cada día le repita la lección. Accedió el "buey mudo" a ello, con la condición de que a nadie lo dijera. Pero al con-

---

[12] TOMÁS DE AQUINO, *Suma de Teología*, II-II, q. 161, a. 6.

discípulo le faltó tiempo para contárselo al Maestro de estudiantes, el cual, escondido, escuchó la repetición explicativa de la clase. Y también a este le falta tiempo para contárselo al Maestro Alberto». La inteligencia poco común de Tomás no podía dejar de pasar inadvertida a sus compañeros y maestros.

«Otro día, el Maestro explica una cuestión muy difícil. Fray Tomás toma notas afanosamente en una hoja, que perdió en la puerta de su celda. Encontró la hoja el maestro de estudiantes. Al leerla se maravilló de la claridad y precisión del resumen. Y le entregó la hoja al Maestro Alberto, el cual le dijo que ordenara a fray Tomás que preparase para un acto académico solemne un tema muy difícil, a lo que el buen estudiante se resistía por humildad, pero no le quedó más remedio que aceptar por obediencia». De nuevo nos encontramos con la humildad: pensaba Tomás que el tema propuesto era un tema que excedía su capacidad y aspirar a lo que le superaba le parecía falta de humildad. Así se lo aconsejaba, años después, a fray Juan: «No escrutes las cosas que te superan». Sin embargo, el Maestro de estudiantes se lo ordena y la obediencia al superior (y a Dios) puede más. Y el resultado es el que sigue: «Expuso el tema con toda claridad y competencia. El Maestro Alberto argüía en contra de la tesis mantenida por el ponente, el cual deshacía los argumentos y los resolvía satisfactoriamente. En aquel momento, el Maestro le dijo: "fray Tomás, no parece usted un alumno que contesta, sino un maestro que define". A lo cual contestó con reverencia: "Maestro, no veo otra manera de responder"». La respuesta al maestro parece altanera: que un simple aprendiz de teo-

65

logía refute a todo un maestro de la talla de Alberto Magno… Este, de manera delicada, le hace ver que quizá su modo de proceder está fuera de lugar: debe responder con la modestia del discípulo, sin ponerse en el lugar del que enseña. Podía dar la sensación de falta de humildad en sus modos externos. Más correcto sería aparentar ignorancia y ceder gustoso a la argumentación del maestro. Sin embargo, Tomás sabe que humildad y verdad no pueden contradecirse. Explica sinceramente sus propias ideas, meditadas por él mismo, aun a riesgo de parecer presuntuoso.

Alberto Magno no cejó en su empeño y continuó la prueba: «"Responda ahora con sus distinciones a este problema". Y le objetó cuatro argumentos tan fuertes que todos creyeron que fray Tomás estaba vencido y no podría responder. Pero, serenamente, con profunda sabiduría fue respondiendo a cada uno de los argumentos con claridad y definitivamente. Entonces Alberto el Grande dijo: "Nosotros llamamos a este *buey mudo*, pero él dará tales mugidos con su doctrina, que resonarán en el mundo entero"»[13]. Los ecos de esos mugidos han llegado hasta nosotros: la grandeza del genio de Tomás no compite con la grandeza de Dios. Tomás es consciente de su saber y con sencillez afirmaba: «Doy gracias a Dios porque de mi saber, de mi cátedra ni de ninguna de mis actividades escolares, nunca he sentido ningún movimiento de vanagloria»[14]. Definitivamente, Tomás vuelve a romper los esquemas de ayer y de hoy.

---

[13] V. Forcada, *Santo Tomás de Aquino*, pp. 36-37 (de donde proceden las referencias de esta anécdota).
[14] G. de Tocco, «Hystoria beati Thomae de Aquino» [25], p. 67.

8.
EL BUEY VOLADOR

Al convento dominicano de Colonia acudieron frailes de diversos puntos de Europa, y la convivencia no estaría exenta de pequeñas rivalidades y distinciones regionales, como es normal en comunidades pequeñas. En cada grupo hay alguien que destaca por su sentido del humor y chispa para encontrar el lado divertido de la vida y de los defectos de los demás. Allí le pusieron el apodo de «el buey mudo», ya sea de modo afectuoso o burlesco[1]. Lo cierto es que un día el novicio burlón le quiso gastar una broma, quizá para poner a prueba su carácter bonachón y su ingenuidad. Así nos relata un biógrafo la anécdota:

> Estaban los jóvenes estudiantes dominicos de Colonia en la recreación. Fray Tomás andaba como despistado, ausente, rumiando sus propios pensamientos y ordenando, tal vez, en su mente las ideas que había ido recogiendo en la última clase. Un compañero se asoma a la ventana y, para divertir a los demás, le gasta al «buey mudo» una broma. «¡Fray Tomás, mira: un buey que vuela!». El de

---

[1] E. Forment, *Santo Tomás de Aquino*, p. 62.

Aquino, como si despertara de un sueño, se acerca a la ventana, con paso tardo y aplomado, restregándose los ojos, y mira fijamente, y vuelve a mirar para ver el prodigio. Todos los estudiantes estallan en una sonora carcajada, comprobando la simplicidad de Tomás. Pero el simple napolitano replica serenamente: «No tenéis por qué reíros; porque yo pienso que es más fácil que vuele un buey, que no el que un religioso mienta»[2].

Fray Tomás parece no haber encajado bien la broma: definitivamente no tiene sentido del humor y reacciona «a la tremenda»; con lo fácil que hubiera sido reírse humildemente del ingenio de su hermano de religión, o no tomarse tan en serio su propia ingenuidad... Pero no, Tomás parece responder de manera descortés, dejando en mal lugar, como mentiroso, al ingenioso novicio. Sin embargo, lo que a otros les parecía una broma insustancial, a los ojos del joven novicio napolitano adquiría una importancia capital. Si en la relación con los demás, empezando por los seres cercanos o hermanos de religión, no puedo confiar en la verdad de sus palabras, tenemos un grave problema: toda la convivencia social se viene abajo. Si nuestras palabras no sirven para manifestar la verdad, se convierten en instrumento de la falsedad, cuyo fruto es la desconfianza y un deterioro irreparable de la convivencia: «La convivencia humana no sería posible si los unos no se fían de los otros como de personas que en su trato mutuo

[2] V. Forcada, *Santo Tomás de Aquino*, p. 38.

dicen la verdad»[3]. La falta de veracidad provoca la desconfianza y el fin de la convivencia pacífica.

Con el paso del tiempo, la casuística nos ha llevado a distinguir distintos tipos de mentiras: las hay pequeñas y grandes; las hay piadosas o no tan piadosas; hay medio-verdades (y, por consiguiente, medio-mentiras); hay post-verdades y *fake-news*... Son tan presentes en los medios de comunicación, en las redes sociales o en la convivencia diaria, que a la falta de veracidad ya no le damos demasiada importancia. Pero lo cierto es que estamos destruyendo el fundamento de la sociabilidad, sin la cual la convivencia humana se convierte en una jungla donde impera la ley del más fuerte o del que dice mejor las mentiras (es decir, con mejor apariencia de verdad).

Cuando mentimos para salir al paso, pagar menos impuestos, para aprobar la asignatura sin estudiar, para parecer más ingenioso, honrado o listo que el vecino... estamos destruyendo el bien común. Si decimos una falsedad para obtener un beneficio personal, no reparamos en que lesionando el bien común nos destruimos a nosotros mismos: un empresario que no se fía de sus subordinados; un marido que no se fía de su mujer; una madre que no se puede fiar de sus hijos; un amigo que no puede fiarse de sus amigos... está viviendo un infierno en la tierra. Tendría razón Sartre: «El infierno son los otros».

Tomás de Aquino reacciona con energía ante esta destrucción de la confianza, del fundamento de la vida

---

[3] TOMÁS DE AQUINO, *Suma de Teología*, II-II, q. 109, a. 3 ad 1; q. 114, a. 1; q. 110.

social, germen de conflictos y del desgobierno. Pero no solo eso. Si no aprendemos a confiar en los demás (los hijos en sus padres, los alumnos en su profesor, el trabajador en el empresario, el amigo en sus amigos), no aprendemos a vivir la confianza fundamental: la confianza en Dios. Se instala así la «filosofía de la sospecha» que tanto eco ha tenido en la filosofía contemporánea, pero que ya ha salido de la burbuja académica para instalarse en el *modus vivendi* de millones de personas. El «piensa mal y acertarás», junto a las versiones más extremas de «piensa mal y te quedarás corto», son moneda común en las relaciones humanas a diversos niveles. Y con la tendencia que tenemos de vestir antropomórficamente a Dios no es difícil concluir: «¿Y si Dios no es tan listo como dice ser?» o «¿no es tan bueno como nos han enseñado?»; «¿Y si, en el fondo, Dios solo me quiere engañar para seguir recibiendo el tributo que desea?» o «¿si los que dicen representarle se quieren aprovechar de mis riquezas o controlar mi conciencia?».

La tentación es muy antigua; es más, es «la tentación primordial, la tentación original». En efecto, el pecado de nuestros primeros padres fue un pecado de desconfianza en su amor. En el *Compendio de Teología*, santo Tomás nos señala que el pecado original fue un pecado múltiple: «*en cuarto lugar*, es pecado de infidelidad, porque desconfió de Dios y confió en las palabras del demonio, que hablaba contra Dios»[4]. No en vano el diablo ha sido llamado padre de la mentira y desde entonces el pecado y la mentira se han difundido incontebiblemente por la faz de la tierra. Así lo expre-

---

[4] TOMÁS DE AQUINO, *Compendio de Teología*, I, cap. 190.

saba poética (e irónicamente) Lope de Vega: «Dijeron que antiguamente / se fue la Verdad al Cielo; / tal la pusieron los hombres, / que desde entonces no ha vuelto»[5]. Sí, Tomás de Aquino prefiere pensar que en el mundo es todavía posible confiar en los demás, porque principalmente confiamos en aquel que es «Camino, Verdad y Vida» (Jn 14, 6).

---

[5] Lope de Vega, «A mis soledades voy», en *La Dorotea*, (Acto 1º, escena 4ª), en *Obras Completas de Lope de Vega*, vol. XXXIV, Fundación Castro, Madrid 1998, p. 583.

9.
LA CARRERA ACADÉMICA EN LA UNIVERSIDAD MEDIEVAL

De su estancia en Colonia tenemos pocas noticias de Tomás, salvo algunas anécdotas, ya reseñadas anteriormente; pero fueron años decisivos para el joven estudiante. A nivel personal, en primer lugar, porque es probable que recibiera durante estos años la ordenación sacerdotal y a nivel intelectual, en segundo lugar, porque pudo beber directamente del magisterio de Alberto y profundizar en el pensamiento de Dionisio el Areopagita y de Aristóteles.

Después de tres o cuatro años de formación, sin embargo, fue enviado nuevamente a París. Tomás tenía unos 25 o 26 años. Y aquí empezamos ya a vislumbrar lo excepcional de su figura. La «carrera universitaria» estaba regulada con precisión y era necesario atravesar todas las distintas etapas antes de poder alcanzar la *licentia docendi* y el grado de doctor. Ahora bien, los estatutos no solo fijaban los niveles académicos, sino también las edades mínimas para acceder a ellos. El Maestro de la Orden de predicadores pidió a Alberto

Magno que designara a un dominico para ocupar en París la plaza de *bachiller*. Debía ser un estudiante ejemplar en ciencia y de virtud probada. El *Doctor universalis* propuso a Tomás de Aquino, pero esta promoción no convenció al maestro general, Juan el Teutónico. *Primo*, porque Tomás no tenía la edad canónica mínima para asumir dicha tarea (un bachiller debía asumir con 29 años...) y, *secundo*, porque no parecía el hombre indicado para hacer frente a la difícil situación de París. Ya sabemos que en Colonia llamaban a Tomás «el buey mudo de Sicilia» por su carácter tranquilo y silencioso, pero en la Universidad de París las cosas parecían exigir más un guerrero que un contemplativo. En otro capítulo veremos con más detalle las controversias que agitaban el ambiente universitario, pero nos podemos hacer ya una idea de las reservas razonables que tenía el Maestro general con respecto a Tomás. Alberto, sin embargo, *sabía* que Tomás era el hombre indicado y recurrió a Hugo de Santo Caro, cardenal y legado pontificio, dominico y antiguo maestro regente, para que apoyara su candidatura. Finalmente fue aprobada la propuesta de Alberto Magno y Tomás fue nombrado bachiller de la Universidad de París. Faltaba, sin embargo, la aceptación de Tomás... quien se opuso alegando su edad y falta de preparación. «Afortunadamente», Tomás era ante todo religioso y, al mandársele por obediencia que aceptara, tomó el camino a París para asumir su tarea[1].

Ahora bien, ¿cómo funcionaba la «carrera académica» en la Edad Media? Después de los años básicos de

---

[1] G. DE TOCCO, «Hystoria beati Thomae de Aquino» [15], p. 48.

formación en la Facultad de Artes (filosofía) y de Teología, para optar al grado de *magister in sacra pagina*, era necesario pasar algunos años como bachiller enseñando en la universidad. Pero también los años de bachiller estaban regulados con precisión. El bachillerato comenzaba con un primer periodo dedicado al comentario de la Sagrada Escritura. No se trataba de una explicación completa del texto o de los problemas interpretativos que presentaba, sino de una lectura cursoria (lectura explicada de los textos) señalando algunos puntos importantes del texto comentado. Santo Tomás comentó en esta primera etapa el libro de Isaías.

Después de este periodo como bachiller *bíblico*, se pasaba al comentario de las *Sentencias* de Pedro Lombardo. Casi un siglo atrás, el que fuera obispo de París había compendiado en una obra y temáticamente las afirmaciones de los Padres y dicho texto se había vuelto normativo en la enseñanza de la Teología. El bachiller *sentenciario* debía comentar este texto y explicar las cuestiones que suscitaba. Este comentario fue la ocasión para la primera gran obra sistemática de Tomás de Aquino, a saber, el *Comentario a las Sentencias de Pedro Lombardo*. Aún no tenía 30 años cuando lo comenzó, pero en dicho texto podemos ya ver algunas opciones intelectuales que le acompañarán toda su vida (aunque también veremos admirables *virajes* en su doctrina que muestran la vitalidad de su pensamiento y la búsqueda constante de la verdad).

Este tipo de comentario, todo un género literario en el mundo académico medieval, no se limitaba a repetir lo dicho por los padres y recogido por el Lombardo, pues, como dice Tomás, «en los comienzos, es necesario [argumentar] con razones a los que investigan la raíz de la verdad, haciendo saber cómo es verdadero lo que se dice; de otro modo, si el maestro solo resuelve la cuestión con autoridades, mostrará ciertamente al alumno que [la solución] es así, pero este no alcanzará ninguna ciencia ni entendimiento y se marchará vacío»[2]. Por este motivo, en muchas ocasiones, el texto del Lombardo era una ocasión para tratar problemas teológicos de mayor actualidad y presentar las propias soluciones.

Tomás trabajó las *Sentencias* en este periodo, aunque continuó el comentario después de acabar esta etapa de formación (el último año ayudaba más directamente a un maestro en su calidad de *formatus* y participaba en la determinación de las cuestiones disputadas). Sin embargo, con poco más de 30 años asumió la cátedra de extranjeros en París. Nuevamente asistimos a una situación atípica. Por una concesión particular se le había permitido enseñar como bachiller en la universidad, pero alcanzar el título de *maestro* o doctor y asumir una cátedra a título propio ya eran palabras mayores. Debido a la alta demanda, las cátedras solían ser ocupadas solo durante algunos cursos para permitir que los jóvenes profesores alcanzaran el máximo título universitario. Pero la regencia de una cátedra tenía también sus condiciones y, entre ellas, la edad mínima era de 35 años. A Tomás le faltaban cuatro años. Y, sin embargo, adelantando a otros candidatos, fue propuesto para ocupar dicho puesto. En esta

---

[2] TOMÁS DE AQUINO, *Quodlibet* IV, q. 9, a. 3.

ocasión, la resistencia fue mayor, sobre todo, por parte de los maestros seculares de la misma universidad. La tensión del claustro estaba en su punto álgido y la entrada de Tomás parecía una provocación. ¿Cómo se resolvió? El canciller Aymerico apostó por el joven dominico e incluso Alejandro IV intervino a favor de esta decisión. En 1256, Tomás comenzó su primera regencia en París y ese mismo año, también con la intervención del canciller y del papa, Buenaventura de Bagnoregio ocupó la cátedra de los franciscanos.

Para alcanzar la *licentia docendi* era preciso pasar por un acto académico solemne, que consistía en una lección inaugural. Cuando le mandaron a Tomás que la preparara, intentó rechazar la propuesta, pero nuevamente por obediencia tuvo que asumir la tarea. Tenía, sin embargo, un problema: no encontraba una materia adecuada para la lección. Con lágrimas pidió luz al cielo y, cuenta su biógrafo, se le apareció esa noche un dominico venerable *(frater canus et antiquus)* que le sugirió el tema que debía tratar, a saber, un versículo de un salmo: *rigans montes de superioribus suis* (Sal 103 [104], 13)[3].

Esta primera intervención como *maestro* de la universidad contiene todo un programa de vida. La idea que desarrolla y comenta es la mediación de la criatura en la comunicación de los bienes divinos. «El Rey y Señor de los cielos instituyó desde la eternidad esta ley: que los dones de su providencia llegaran a las últimas cosas por mediación de otras»[4]. Esta fue la misión de

---

[3] G. DE TOCCO, «Hystoria beati Thomae de Aquino» [17], p. 53.
[4] TOMÁS DE AQUINO, *Rigans montes*, 3.

Tomás de Aquino, comunicar la verdad que gratuitamente había recibido y contemplado. Y más en concreto, esta «comunicación», en la universidad de París, el Angélico la llevó a cabo de modo ejemplar según las tres funciones propias del maestro de Teología: *legere, disputare et predicare*, es decir, «leer, disputar y predicar».

Una mirada superficial a la obra de santo Tomás, ya sean sus escritos doctrinales, sus comentarios bíblicos o la recopilación de sus sermones, puede generar una impresión de frialdad y de un tono impersonal que no responde a la realidad. Para que nos hagamos una idea del Tomás auténtico, bastan dos observaciones que hacen sus biógrafos con respecto a su acción comunicativa. En primer lugar, cuando Tomás comenzó sus cursos, produjo una verdadera conmoción en la universidad y atrajo multitud de alumnos que querían asistir a sus clases. Hablar actualmente de tomismo puede parecer algo anticuado y limitado a un grupúsculo de nostálgicos... Por eso conviene *sentir* lo que fue la docencia de Tomás para volver a descubrir su frescura. La *Historia* lo cuenta así: «en sus lecciones, [Tomás] introducía nuevos artículos, resolvía las cuestiones de una manera nueva y más clara con nuevos argumentos. Por lo mismo, aquellos que le oían enseñar tesis nuevas y tratarlas según un nuevo método no podían dudar de que Dios lo iluminó con una luz nueva. En efecto, ¿se puede escribir o enseñar una nueva posición sin haber recibido una inspiración nueva?»[5]. La insistencia en la *novedad* que aporta santo Tomás en sus clases resulta

---

[5] G. DE TOCCO, «Hystoria beati Thomae de Aquino» [15], pp. 48-49.

casi cómica, pero ayuda a vislumbrar el atractivo que suscitó desde el principio de su docencia y ver lo acertado que fue enviar al «buey mudo de Sicilia» al ruedo universitario de París.

La segunda observación respecto al modo de comunicar que tenía Tomás nos lleva casi a los últimos años de su vida, cuando se le encargó constituir un *studium generale* en Nápoles, la tierra que lo había visto crecer. Como dijimos previamente, el maestro no solo debía enseñar en el aula, sino que una función principal suya era también predicar. Por eso el carisma dominico cuadra tan bien con su persona. Y esta transmisión del saber no la realizó Tomás únicamente en las aulas o en un contexto universitario, sino también con la prédica sencilla al pueblo de Dios. En su última estancia napolitana, asumió la tarea de predicar él mismo los sermones cuaresmales y lo hizo con tanta unción, «que toda la población de Nápoles asistía a sus sermones». «De un intelectual como él, la predicación de Tomás aparece asombrosamente concreta, apoyada por la experiencia cotidiana, preocupada por la justicia social y comercial. En ella vemos transparentarse la mentalidad de su época (supersticiones, antisemitismo, machismo, etc.), pero también está impregnada de un uso masivo de la Biblia y de un amor profundo a la Palabra de Dios»[6]. Quizá nos sorprenda, pero la predicación de Tomás, que tal como ha sido reportada, nos puede parecer fría y esquemática, era una predicación novedosa y vibrante que emocionaba a los fieles hasta las lágrimas. Como lo narra su biógrafo, el pueblo «le oía tan

---

[6] J.-P. Torrell, *Initiation à saint Thomas d'Aquin*, p. 109.

reverentemente como si su predicación proviniera del cielo. Pues no enseñaba a otros hacer, sino lo que Dios había ya hecho por él, según aquella enseñanza del Apóstol: "No me atrevo a decir nada de lo que Cristo no haya hecho por mí" (Rm 15, 18). De ahí que las palabras de su sermón ardían como una antorcha y, consecuentemente, inflamaban los corazones de los oyentes al amor de Dios y la compunción del ánimo»[7].

Y hay otro detalle elocuente. Tomás no predicó en latín, sino en el dialecto propio de la zona que conocía por ser también su lengua materna. «Hablaba al pueblo en el dialecto napolitano, muy expresivo, muy distinto del lenguaje de cátedra, que era siempre el latín, lacónico, estereotipado, hierático»[8]. Se trata no solo de una curiosidad lingüística, sino de una profunda comprensión del quehacer del teólogo que busca científicamente la verdad para servir luego a la fe de los sencillos. A diferencia de algunos afamados catedráticos de filosofía y teología (de ayer y de hoy), sus palabras eran fácilmente comprensibles para la gente sencilla. Como decía Benedicto XVI, es una gracia muy grande cuando los teólogos consiguen poner su sabiduría al nivel del pueblo de Dios[9]. De hecho, eso es lo propio de la teología. No la elaboración de doctrinas complicadas y extrañas, sino un servicio de profundización en la palabra de fe que se nos ha transmitido. Tomás tenía conciencia, además, de la grandeza de la

---

[7] B. GUI, «Legenda sancti Thomae Aquinatis» [100], p. 162.

[8] V. FORCADA, *Santo Tomás de Aquino*, pp. 81-82.

[9] Cfr. Benedicto XVI, «Audiencia general sobre Santo Tomás de Aquino», en Blanco, P.-Torres, E. (eds.), *Una historia de la Iglesia II*, Cristiandad, Madrid 2020, 161.

fe y de que, por lo mismo, todo debía ordenarse a ella. Con gracia afirmó en un sermón que «más sabe una viejecilla sobre aquellas cosas que pertenecen a la fe, que cualquier filósofo»[10]. Esa fe era lo que intentaba fortalecer con su estudio y con su predicación. Por esta razón, Tomás puede ser invocado como modelo para los que se dedican vocacionalmente a la enseñanza.

---

[10] TOMÁS DE AQUINO, «Attendite a falsis prophetis» 2.

10.
TOMÁS, EL POLEMISTA

Tomás de Aquino no solía hablar en primera persona y rara vez perdía la paciencia. Hay, sin embargo, algunos casos en que podemos vislumbrar su enfado intelectual ante algunas posiciones extrañas. Por ejemplo, al criticar la postura de David de Dinand, como de pasada, señala que «estúpidamente» postuló que Dios era la materia prima[1]. Pero hay otros pasajes en su obra donde todavía más claramente se ve su implicación vital en la controversia. Es en estos momentos donde su escritura, en general limpia y objetiva, adquiere un tono polémico. Aunque pueda resultar sorprendente, Tomás no era un intelectual retraído que evitara el conflicto. Al contrario, se mantuvo siempre en la primera línea del combate y con su mente clara y profunda hizo frente a todos aquellos que ponían en peligro la verdad. Con un juego de palabras y recogiendo un sueño profético referido al nacimiento de santo Domingo, los «predicadores» fueron apodados *dominicanes*, es decir, «perros del Señor», porque debían

---

[1] TOMÁS DE AQUINO, *Suma de Teología*, I, q. 3, a. 8.

guardar y defender la doctrina católica. Tomás de Aquino no fue solo un buey mudo, aunque sus mugidos resonaran por todas partes, sino sobre todo un perro guardián que ladró con fuerza para enseñar la verdad y denunciar el error. Como dice al inicio de la *Suma contra gentiles*, «aunque exceda nuestras propias fuerzas, nuestro propósito es manifestar la verdad que profesa la fe católica (en cuanto nos sea posible) y eliminar los errores contrarios»[2]. Y esto lo llevó a cabo desde sus primeros años en la universidad.

Situémonos en el contexto. La orden dominica había sido recientemente fundada y los frailes mendicantes habían entrado a formar parte de la Universidad de París. En concreto, poseían dos cátedras, una de extranjeros (que ocuparía el mismo Tomás en dos ocasiones) y otra para franceses. La obtención y posesión de dichas cátedras, sin embargo, era un tema conflictivo. La Universidad de París atravesó momentos muy complejos en sus inicios y la relación entre el profesorado, los estudiantes y las autoridades no siempre fue pacífica. Entre 1229 y 1231, por ejemplo, se produjo una huelga general en la que los profesores abandonaron París y organizaron los estudios fuera de la ciudad para presionar a las autoridades y defender algunos privilegios. Pero precisamente en ese momento de tensión, algunos maestros no secundaron al gremio de profesores y permanecieron en la universidad. Es en este contexto cuando los dominicos toman en posesión dos de las cátedras parisienses y continúan enseñando sin apoyar a los seculares. Aunque este primer conflicto se

---

[2] Id, *Suma contra gentiles*, I, 2.

superó, la tensión entre seculares y regulares estaba latente y solo había que dejar pasar el tiempo para que estallara. Y estalló.

En 1252, los maestros seculares convocan nuevamente una huelga y los regulares rechazan secundarla. Entre las razones que alegaban los seculares era el maltrato que había sufrido un grupo de estudiantes por manos de la guardia real. En un enfrentamiento incluso parece haber habido algún muerto. La violencia estudiantil tiene una larga historia. Para que no perdamos la referencia a Tomás, recordemos que aproximadamente en ese mismo momento nuestro dominico había empezado a enseñar como bachiller en París. La huelga, sin embargo, no prosperó, pero los seculares no se rindieron y comenzaron formalmente una ofensiva contra dominicos y franciscanos. Lo que intentaban, en pocas palabras, era expulsar a los regulares de la universidad y limitar su trabajo pastoral. La oposición a los mendicantes pretendía tener un apoyo teológico, aunque probablemente hubiera una dosis no desdeñable de envidia y celos humanos: las cátedras de los regulares eran preferidas a las de los seculares... y eso repercutía en la economía de los maestros.

La tensión fue escalando y doctrinalmente llegó a su punto culminante en 1253 cuando Gerardo de Borgo san Donnino, franciscano, publicó una obra en la que vinculaba el fin de los tiempos con la consolidación en la Iglesia de dominicos y franciscanos. La respuesta secular no se hizo esperar y aquí aparece un personaje clave en toda esta controversia: Guillermo de Saint-Amour. Este maestro de la universidad de París responde a los errores de dicha obra, pero aprovecha la ocasión para atacar a los mendicantes. Hay mucho en juego y el obispo de París decide enviar una legación al papa Inocencio IV para que juzgue y sancione el asunto. Guillermo va personalmente a ver al Papa y consigue una condena formal del libro de Gerardo y una revocación de los privilegios mendicantes que les permitían participar en la universidad. En términos humanos fue una victoria aplastante del partido de los seculares. Pero duró poco tiempo. Inocencio IV murió pocos días después y su sucesor, Alejandro IV, al día siguiente de su elección revocó la revocación y devolvió a los mendicantes todos sus privilegios, mandando a la universidad de París que admitiera a los maestros dominicos y franciscanos en el claustro.

Estamos en 1256, año en que Tomás recibe la *licentia docendi*, en el momento de máxima tensión. El malestar entre los seculares es evidente y el ambiente en la universidad es irrespirable. Incluso peligroso. Los alumnos que se oponen a los mendicantes impiden el desarrollo normal de las clases y agreden a los profesores. Incluso arrojan piedras a los conventos de franciscanos y dominicos. Para que nos hagamos una idea, el rey Luis IX mandó su propia guardia de arqueros para que defendieran a los dominicos y sus maestros pudieran regentar las cátedras. El conflicto en las calles era real, pero no era sino la manifestación de un conflicto intelectual previo. Ese mismo año, Guillermo de Saint-Amour publicó otra obra aún más virulenta contra los mendicantes (tildando incluso a Tomás de *pseudopredicator* y *vir regularis primarum catherarum amator*), titulada *Sobre los peligros de los novísimos tiempos* en la que los acusaba de precursores del Anticristo. Se trataba del mayor asalto en la polémica antimendicante, pero los mendicantes dieron la cara y respondieron. Buenaventura por parte de los franciscanos y Tomás de Aquino por parte de los dominicos.

La obra de Tomás, *Contra impugnantes Dei cultum et religionem* (entre mayo y septiembre de 1256), recoge las objeciones de Guillermo, aunque sin citarlo, y presenta una justificación teológica de la presencia de los mendicantes en la universidad y de su facultad para oír confesiones y realizar un trabajo pastoral al servicio de los obispos fuera de un contexto parroquial. Se trata, ciertamente, de un escrito polémico, con un tono duro, pero su doctrina refleja una cosmovisión amplia y profunda que supera el conflicto concreto. Así, por ejemplo, ante la concepción estática que tienen los seculares sobre la Iglesia y la inutilidad de fundar nuevas congregaciones, Tomás afirmará que «no hay obra de misericordia para cuya realización no pueda ser instituida una religión [i.e., una nueva congregación religiosa], aunque de hecho aún no haya sido instituida»[3]. La respuesta de los regulares venció la oposición de los seculares y a finales de ese año el papa Alejandro IV condenó la obra de Guillermo de Saint-Amour y, a principios de 1257, el rey lo desterró de París. Tomás fue incorporado al claustro de profesores y pudo regentar la cátedra con relativa tranquilidad hasta que fue enviado a Orvieto como lector en la corte pontificia.

---

[3] TOMÁS DE AQUINO, *Contra impugnantes*, c. 1, en *Opúsculos* III, 396.

Las aguas se calmaron, pero solo fue una tregua. A finales de los 60, Tomás fue nuevamente llamado a París, pues el conflicto se había recrudecido y era preciso volver al combate. Las circunstancias eran parecidas, pero en esta ocasión no solo había un frente abierto, sino tres. Primero, el enfrentamiento antimendicante; luego, la polémica contra los aristotélicos radicales de la Facultad de Artes y, por último, la defensa de la legitimidad de leer a Aristóteles contra algunos teólogos agustinianos que solo veían en el Estagirita una amenaza para la fe. Y Tomás realiza nuevamente el admirable oficio del sabio: enseñar la verdad y combatir el error. En esta segunda regencia, publica distintas obras polémicas en las que se vislumbra todavía más claramente su implicación personal, su enfado intelectual y su dolor ante la mala fe de los adversarios. Así, por ejemplo, escribe al acabar su opúsculo *De unitate intellectus contra averroistas*:

> Tales son las cosas que hemos escrito para la destrucción del predicho error [i.e., la unidad del entendimiento para todos los hombres], sin recurrir a los documentos de la fe, sino con los argumentos y las palabras de los mismos filósofos. Pero si alguno, presumiendo de falsa ciencia, quisiere decir algo contra lo que hemos escrito, no hable a escondidas ni delante de los jovenzuelos, que no saben juzgar de cosas tan arduas, sino que replique a este escrito, si tiene el valor de hacerlo. Se encontrará no solo conmigo, que soy el menor de todos, sino con otros muchos celadores de la verdad, los

cuales se enfrentarán a su error y tomarán cuenta de su ignorancia[4].

Si el maestro general de los dominicos, Juan el Teutónico, recelaba del carácter demasiado tranquilo y complaciente del «buey mudo de Sicilia» para las luchas universitarias en París, tuvo la oportunidad de comprobar cómo el buey podía transformarse en toro bravo en defensa de la verdad y de su amada Orden de Predicadores.

---

[4] Tomás de Aquino, *De unitate intellectus*, en *Opúsculos* I, 183 (traducción ligeramente modificada).

11.
AMICUS VERITATIS

Como ya vimos, Tomás se traslada a París como profesor Bachiller en Teología, y al poco tiempo sus nuevos métodos de enseñanza tuvieron gran éxito entre los estudiantes. «Desde el principio, su docencia parecía superior a la de los Maestros más veteranos, por la claridad y profundidad en la exposición de las materias. Ello provoca a los estudiantes al amor de la ciencia. Todo era nuevo en sus métodos pedagógicos: nuevos problemas, nuevo método de tratarlos, nuevas razones, nuevas cosas que enseñar»[1].

Una vez más, Tomás, sin desearlo, aparece como un personaje singular. En lugar de seguir la senda trillada por los maestros que le preceden, se aventura a presentar nuevos temas y soluciones, con un nuevo método teológico: esto, como veremos, no dejó de levantar suspicacias entre los teólogos más tradicionales. En términos actuales, podríamos decir que Tomás de Aquino fue un auténtico innovador del saber teológico. Utilizando la terminología tan del gusto de nuestra época,

---

[1] V. FORCADA, *Santo Tomás de Aquino*, p. 42.

¿se puede decir que era un teólogo «conservador» o «progresista»? ¿Fue un «revolucionario» en el pensamiento medieval? La respuesta nos la da Chesterton cuando lo define así: «Tomás había infligido muchas heridas y lo había hecho por derecha e izquierda, por curioso que parezca. Había sido un revolucionario contra Agustín y un conservador contra Averroes»[2]. En otras palabras, esas categorías se quedaban muy pobres para calificarlo. Simplemente era un buscador de la verdad; esa búsqueda tiene un carácter de novedad, pues siempre es posible y necesario progresar y crecer en el misterio de la Verdad (que es Cristo). Podríamos detenernos en diversos aspectos del magisterio novedoso de Tomás, pero vamos a fijarnos solo en dos puntos: la superación del planteamiento teológico del *Libro de las Sentencias,* de Pedro Lombardo, y la recepción crítica de la filosofía pagana, principalmente, de Aristóteles (y de sus comentadores árabes).

El *Libro de las Sentencias (Libri Quattuor Sententiarum)* es una magna obra teológica escrita por Pedro Lombardo en el siglo XII, quien recopiló las citas o sentencias de los Padres de la Iglesia y otros autores cristianos, organizándolas de manera sistemática para exponer una visión general de la teología cristiana. La estructura de la obra se divide en cuatro libros, cada uno de los cuales aborda un tema específico de la teología cristiana. En el Libro I se estudia la naturaleza de Dios Uno y Trino, incluyendo la relación entre el Padre, el Hijo y el Espíritu Santo. El Libro II trata de la creación del mundo y del hombre, así como la naturaleza

---

[2] G. K. Chesterton, *Santo Tomás de Aquino*, p. 147.

del pecado y sus efectos. En el Libro III se aborda la exposición de la encarnación de Jesucristo y la redención, estudiando en especial la pasión y la muerte de Cristo. Finalmente, el Libro IV discute la naturaleza y el significado de los sacramentos, así como la vida eterna y la resurrección de los muertos.

Como es fácil observar, se trata de un trabajo admirable. No solo por el acopio de fuentes patrísticas (ya de por sí, de un valor incuestionable), sino también por su organización sistemática. Se explica muy bien la enorme influencia que el *Libro de las Sentencias* tuvo en la teología (y filosofía) medieval, convirtiéndose en el texto estándar para la enseñanza de la teología en las universidades medievales. Todos los grandes teólogos escolásticos lo explicaron en sus lecciones y redactaron voluminosos comentarios, incluyendo a santo Tomás de Aquino. La estructura y el contenido de esta obra influyó necesariamente en la *Suma de Teología,* de santo Tomás. Sin embargo, el Aquinate se «atreve» a plantear un nuevo texto con una estructura distinta.

Los estudiosos han dado diversas interpretaciones a la arquitectura de la *Summa,* pero es fácil advertir, y tendremos ocasión de comprobarlo después, que esta *opera magna* posee una estructura orgánica: la teología es la ciencia suprema por la perfección del objeto de estudio (Dios mismo), la perfección de la luz con que se estudia (la fe revelada que eleva y supone las luces de la razón natural), así como la extensión de su objeto de estudio (toda la realidad en cuanto que proviene de Dios y a Dios se ordena). El plan de la *Summa* sigue el esquema circular del proceso de *exitus-reditus* (salida de Dios por la creación y regreso a él como fin último)[3]. Todo el universo se encuentra así contemplado en este gran proyecto[4]. Como se puede apreciar, la *Suma de Teología* propone un saber de todo lo real, y no se limita, simplemente, a ordenar las citas de los Padres de la Iglesia. De ahí la importancia capital que tuvo esta obra en la historia del pensamiento filosófico y teológico.

Las reticencias a las novedades introducidas por Tomás de Aquino fueron mucho más lejos, especialmente a raíz de la introducción de las doctrinas aristotélicas en la teología. Desde 1220, en la Universidad de París pesaba la prohibición de leer los libros paganos de filosofía y artes, pero se podía dispensar al clero de esta prohibición. Podemos pensar que Tomás habría conseguido esta dispensa, pues es precisamente una de las particularidades de la orden dominicana acordar las dispensas de diferentes puntos de obligación por razones de estudios[5]. En 1250 quedaron oficialmente prohibidos los libros del Estagirita en la Universidad de París, lo que permitía que otras universidades, como la joven Universidad de Toulouse, ofertara la posibilidad de leer los libros prohibidos en París. Entre 1252 y 1255, la Facultad de Artes de París había finalmente conseguido el permiso para enseñar en público todos

---

[3] Torrell propone que la *Prima Pars* incluye la consideración de Dios en sí mismo (hasta la q. 43) y la «salida» de Dios en la Creación (resto de la I Parte); la II y III parte constituyen el retorno a Dios, completándose así el círculo anunciado. Cfr. J.-P. Torrell, *Aquina's Summa. Background, Structure, and Reception*, The Catholic University of America Press, Washington D. C. 2005, pp. 17-62.

[4] «La sagrada doctrina es como un trasunto de la ciencia divina, que es una y simple ciencia de todo». Tomás de Aquino, *Suma de Teología*, I, q. 1, a. 3 ad 2.

[5] J.-P. Torrell, *Initiation à saint Thomas d'Aquin*, p. 42.

los libros de Aristóteles, pero su recepción no iba ser, ni mucho menos, pacífica. De hecho, la lectura de las obras aristotélicas propició la cristalización de una oposición de la Facultad de Teología a la Facultad de Artes, que encontrarán su punto culminante con la condena de 1277[6].

Tomás tuvo que hacer frente a aquellos que rechazaban la utilización de la filosofía aristotélica para la explicación de la doctrina revelada, es decir, «los que seguían a los maestros que, como Agustín, habían expuesto la revelación fundados en la filosofía platónica, depurada principalmente por el Obispo de Hipona»[7]. Entre los seguidores de la doctrina agustiniana se encontraban los franciscanos (con san Buenaventura al frente), algunos dominicos y unos pocos maestros seculares que hicieron causa común con los franciscanos. De este modo se explica que, durante la segunda estancia parisina, Tomás fuera acusado de averroísta, por el hecho de seguir algunas doctrinas de Aristóteles. Especialmente notable fue la crítica del franciscano inglés John Peckham a las tesis de Tomás acerca del alma como forma sustancial del cuerpo: con palabras hirientes y orgullosas rebatía a Tomás, quien le respondía sabiamente sin perder la calma ni la humildad[8].

Finalmente, las tesis de Tomás no fueron condenadas. Pero años más tarde, en 1277, ya fallecido Tomás, son condenadas por el obispo de París, Esteban Tem-

---

[6] Cfr. D. PICHÉ, *La condamnation parisienne de 1277*, Vrin, Paris 1999, pp. 177-283.
[7] V. FORCADA, *Santo Tomás de Aquino*, p. 103.
[8] Cfr. «Processus canonizationis sancti Thomae Aquinatis, Neapoli» 77, p. 316.

pier, algunas tesis defendidas en su momento por el maestro dominico. Ese mismo año, «un dominico, Roberto Kilwardby, Obispo de Canterbury, de acuerdo con los maestros de Oxford, condena 30 tesis filosóficas, entre ellas, algunas del Doctor Angélico»[9]. Las ideas de fray Tomás sonaron novedosas y «escandalosas» a algunos teólogos de su tiempo, pero él las defendió en vida con el único argumento válido: la verdad. Sin duda, para él hubiera sido mucho más cómodo seguir las sendas abiertas por los Padres de la Iglesia, pero entonces su pensamiento habría sido irrelevante por repetitivo. Pero, sobre todo, Tomás no habría sido fiel a sí mismo a la hora de seguir indagando la verdad, que siempre admite mayor profundidad. A lo largo de sus obras, Tomás vuelve a pensar en los temas una y otra vez; no repite maquinalmente lo que ya ha dicho en otras obras. Incluso se puede apreciar una evolución en algunas de sus doctrinas, pues su teología y filosofía son algo vivo, en continuo crecimiento. En efecto, sobre algunos temas se ve que ha cambiado de opinión con relación a las *Sentencias*, y cambiará una vez más en sus obras posteriores. Tomás no tiene una sistematización fija, más bien es un genio en movimiento, en perpetuo descubrimiento[10].

Hemos dicho que Tomás de Aquino no era un simple e ingenuo «revolucionario» en teología: amaba las enseñanzas de los Padres de la Iglesia, y especialmente las de san Agustín. Así, por ejemplo, en la *Catena aurea,* Tomás manifiesta un conocimiento excepcional para su época

---

[9] V. Forcada, *Santo Tomás de Aquino,* p. 105.
[10] Cfr. J.-P. Torrell, *Initiation à saint Thomas d'Aquin,* p. 101.

de la patrística griega; cita a 57 autores griegos frente a 22 latinos, de los cuales, algunos como Teofilacto, eran desconocidos en Occidente antes de su utilización en la *Catena*. Guillermo de Tocco asegura que Tomás «iba por diversos monasterios y leía las obras de diversos santos, reteniendo en su memoria una gran parte de estas autoridades que luego dictando transcribía»[11]. Su amor a los Padres de la Iglesia se puede ejemplificar bien con otra anécdota. Regresaba un día con sus estudiantes de la iglesia de san Dionisio, viendo de cerca la ciudad de París, y le preguntaron: «¿Querríais ser señor de esta ciudad?», a lo que fray Tomás respondió: «Con mucho mayor gusto tendría las homilías del Crisóstomo sobre el Evangelio de san Mateo»[12].

Sin embargo, el amor a la doctrina de los Padres no empañaba su amor por la verdad y, por eso, no se cerraba a seguir indagando en otras fuentes, convencido como estaba de que «toda verdad, quienquiera que la diga, procede del Espíritu Santo en cuanto infunde en nosotros la luz natural y nos mueve a entender y expresar la verdad»[13]. En la crítica más actual, se ve a Tomás no como un simple aristotélico, sino como un intérprete personalísimo de toda la tradición patrística y pagana, de tal modo que no deja intacto a sus autores preferidos, proponiendo su propia síntesis para transformar profundamente esos elementos de préstamo. Así, por ejemplo, en su comentario al *De divinis nominibus* lleva a cabo un intento de conciliación de las fuentes pla-

---

[11] G. DE TOCCO, «Hystoria beati Thomae de Aquino» [18], p. 56.
[12] Cfr. V. FORCADA, *Santo Tomás de Aquino*, p. 56.
[13] TOMÁS DE AQUINO, *Suma de Teología*, q. 109, a. 1 ad 1.

tónicas y aristotélicas. «Tomás no acogía las *auctoritates Patrum* sin ejercer una crítica atenta que la expresión *expositio reverentialis* ha disimulado muchas veces»[14]. Un dato revelador de sus fuentes: en sus obras completas «se pueden contar más de dos mil citas de Aristóteles. San Agustín, el autor más venerado después de Aristóteles, cuenta con un total de algo más de mil citas; 500 del Pseudo-Dionisio, 280 de Gregorio Magno, 240 de Juan Damasceno»[15].

Así pues, Tomás pasaba por ser un aristotélico, y para muchos, un potencial riesgo para la ortodoxia católica. De hecho, en París se había introducido la interpretación averroísta de Aristóteles que llevaba al panteísmo. Averroes, comentador por antonomasia, «interpretó [a Aristóteles] según la teología árabe y sentó una serie de principios que eran contrarios a la mente del Filósofo y, por supuesto, al dogma cristiano, contra los que lucharon principalmente Alberto Magno y fray Tomás de Aquino. [El resultado es que] los averroístas condenan a fray Tomás, acusándole de corruptor del Filósofo. Fray Tomás les acusa a ellos de interpretar mal y maliciosamente a Aristóteles. Por otra parte, los que se confiesan agustinianos achacan al Maestro ser demasiado aristotélico, lo cual lo señala como averroísta»[16].

Pero, de hecho, Tomás es un aristotélico *sui generis*. Tomás no deja de ser teólogo cristiano cuando interpreta a Aristóteles. Mientras que Aristóteles se mueve

---

[14] J.-P. Torrell, *Initiation à saint Thomas d'Aquin*, p. 184.
[15] *Ibid.*, p. 68.
[16] V. Forcada, *Santo Tomás de Aquino*, p. 100, 103.

98

en el orden de una ética profundamente pagana, Tomás se sitúa ante una perspectiva cristiana y se las ingenia para hacer decir al Filósofo cuál es la finalidad contemplativa, en la que él mismo ve la felicidad. Entenderemos mejor lo que Tomás quiso proponer si recordamos que sus comentarios no eran cursos que hubiese impartido a sus alumnos. Más bien eran el equivalente a una lectura personal hecha con la pluma en la mano para obligarse así a penetrar en el texto de Aristóteles y prepararse para la redacción de la parte moral de la *Suma de Teología*. Desde el día siguiente a su muerte, los adversarios de Tomás ponen en duda muy seriamente su fidelidad aristotélica en puntos muy precisos, por ejemplo, en cómo aplicaba la noción de *scientia* a la teología. Otros tomistas no han dejado de observar que Tomás siempre expresa su punto de vista personal, rectificando y ampliando a Aristóteles cuando lo considera necesario. Un tercer grupo de estudiosos ha intentado encontrar una posición intermedia: Tomás mantiene una fidelidad objetiva, como base, en la interpretación: pero puesto que también expresa su punto de vista, podríamos utilizar los comentarios para reconstruir su pensamiento cada vez que incorpore una doctrina expresada en otras obras. En definitiva, la reconstrucción históricamente exacta del pensamiento de Aristóteles no le interesa a Tomás por sí misma, porque ante todo quiere penetrar en el propósito de Aristóteles y llevarle a lo que quiso decir (la verdad) teniendo en cuenta la revelación cristiana[17].

---

[17] Cfr. J.-P. TORRELL, *Initiation à saint Thomas d'Aquin*, pp. 289-315.

Y es que la Verdad plena solo compete a Dios; ninguna escuela ni autor determinado posee la verdad total. Se atribuye a Aristóteles la frase *Amicus Plato sed magis veritas* («soy amigo de Platón, pero más de la verdad»). Independientemente de la acertada atribución al Estagirita de esta frase, esta afirmación propone todo un programa para el trabajo intelectual. El respeto a la autoridad de un pensador no debe ser obstáculo para juzgar con rectitud los argumentos propuestos. Por eso, Tomás aconsejaba también a fray Juan: «No te fijes de quién viene lo que oigas, pero todo lo que de bueno se diga, encomiéndalo a la memoria». Esta declaración es toda una enmienda al principio de autoridad que hasta el momento campeaba en el modo de hacer teología (y filosofía) en la Universidad. Y en un comentario a una obra aristotélica, el Aquinate afirmaba: «El estudio de la filosofía no está destinado a saber qué pensaban los hombres, sino cómo se presenta la verdad de las cosas»[18].

En todo caso, Tomás aparece a nuestros ojos como un pensador «inclasificable» pues todas las etiquetas (averroísta, aristotélico, conservador, progresista, etc.) se quedan pequeñas para describir a un verdadero sabio como fue el Aquinate. Resulta ejemplar su «compromiso» con la verdad y su rectitud intelectual al momento de buscarla, así como también su genial capacidad de salirse del marco de lo esperable en el momento para agrandar el campo del saber.

---

[18] TOMÁS DE AQUINO, *De caelo*, I, lect. 22.

12.
UN SABIO ABSTRAÍDO, PERO NO DISTRAÍDO

La vida de contemplación de Tomás está certificada con algunos fenómenos extraordinarios, como la levitación o ciertos éxtasis místicos[1]. Estos hechos son objeto de la teología espiritual y merecerían un estudio aparte. Además de estos fenómenos, hay un rasgo en la personalidad de santo Tomás que manifiesta también una fisonomía intelectual: su memoria y capacidad de abstracción.

Ya hicimos mención a cómo Tomás era capaz de retener los textos de los Padres de la Iglesia que leía en los manuscritos de los distintos conventos. Pero además poseía una capacidad nada común para fijar su atención en los problemas más intrincados abstrayéndose totalmente de la realidad, con los sentidos suspensos. Hay varias anécdotas que lo testifican. Así, por ejemplo, nos relatan sus biógrafos cómo en ocasiones sus pensamientos le tenían absorto de los sentidos has-

---

[1] Cfr. G. DE TOCCO, «Hystoria beati Thomae de Aquino» [34], p. 79; B. GUI, «Legenda sancti Thomae Aquinatis» [94-99], pp. 154-162.

ta el punto de no sentir el fuego de una vela que se con-
sumió en sus manos. O como cuando tuvo que someterse a algunas prácticas médicas dolorosas que él,
siendo muy sensible al dolor, ni siquiera sintió al estar
embebido en altas especulaciones[2].

Hay otra anécdota que refleja bien su capacidad de
abstraerse de su entorno. En Nápoles, un cardenal legado pontificio quiso conocer a fray Tomás y acudió al
convento dominicano con D. Pedro, arzobispo de Capua, quien había sido discípulo del Doctor Angélico.
Este bajó de su celda y se sentó en medio de ellos, pero
tan abstraído en sus pensamientos que apenas les habló. Así estuvo un buen rato hasta que por fin exclamó,
con rostro alegre: «Ya tengo lo que buscaba». El legado
pontificio se molestó por la poca consideración que
mostraba hacia su persona y así se lo hizo saber al arzobispo, quien le explicó que no era desdén de fray Tomás, sino la fuerza de su abstracción lo que le mantenía en silencio. «Entonces el arzobispo le tiró
fuertemente de la capa, diciéndole: "Advertid, Maestro,
que aquí está el señor Cardenal Legado, que ha querido
venir a veros". Y fray Tomás, como quien despierta del
sueño contemplativo, se dio cuenta de que estaba en
medio de dos personalidades. Se inclinó reverentemente ante el Cardenal, diciendo: "Perdonadme, Señor,
porque creía estar en el estudio y se me ocurrió una
bella razón a propósito de la obra que estoy escribien-

---

[2] Cfr. G. DE TOCCO, «Hystoria beati Thomae de Aquino» [48], p. 95; B.
GUI, «Legenda sancti Thomae Aquinatis» [99], p. 161.

do, una razón que me agradó mucho y de la que me alegro"»[3].

Pero quizá la anécdota más famosa la protagonizó fray Tomás con Luis IX, rey de Francia (después, san Luis). Este rey santo apoyó decididamente a la universidad parisina, colaborando económicamente en la construcción del Colegio de la Sorbona para estudiantes pobres (que después dio nombre a toda la Universidad). Pero también apoyó a las órdenes mendicantes en las cátedras de Teología: mantuvo una estrecha relación con Alberto Magno, Buenaventura y Tomás, las tres grandes figuras del pensamiento del siglo XIII (y los tres santos). Luis IX celebró una cena a la que invitó, entre otros, a fray Tomás: es fácil imaginar que acudió de mala gana, aunque se mantuvo cortés con cuantos le hablaron: «pero él habló poco y pronto quedó olvidado en medio de la charla más brillante y bulliciosa del mundo como será siempre la conversación francesa. [...] Lo cierto es que olvidaron del todo a ese robusto italiano que se hallaba entre ellos [...] y de repente las copas saltaron y rodaron por el tapete y la gran mesa se sacudió porque el fraile abatió su puño como una maza de piedra con una violencia que sobresaltó a todos, como una explosión, y gritó con voz poderosa como de hombre que habla en sueños: "Y *esto* acabará con los maniqueos"»[4].

Podemos imaginarnos el desconcierto de los comensales: de nuevo Tomás, el fraile abstraído y silen-

[3] V. Forcada, *Santo Tomás de Aquino*, pp. 77-78; B. Gui, «Legenda sancti Thomae Aquinatis» [98], pp. 158-159.
[4] G. K. Chesterton, *Santo Tomás de Aquino*, pp. 87-88.

cioso, había dado la nota. Evidentemente, muchos pensarían que no había sido un acierto convidar a este curioso personaje que no se manejaba bien en ambientes mundanos, a pesar de su alta cuna. Afortunadamente, el anfitrión era de otro parecer: «Se volvió el rey a sus secretarios y les requirió en voz baja que tomaran sus codilicios y se acercaran al asiento del buen hermano y distraído controversista y tomaran nota del argumento que acababa de ocurrírsele, no fuera que resultara muy bueno y lo olvidara»[5]. Es de agradecer el apoyo del rey al genio de la teología. A veces, el gobierno de la nación recae en manos de hombres desaprensivos que, con cortedad de miras, solo atienden a los asuntos económicos o militares que afectan a su país y desprecian a los sabios distraídos.

Definitivamente, Tomás era un personaje muy singular, un filósofo que no parece tener los pies en el suelo. No es de extrañar que tuviera al menos un secretario no solo para transcribir sus pensamientos, sino para ayudarle en las tareas cotidianas (ir al refectorio, horario de las lecciones o el rezo de la liturgia de las horas). Su actuación, una vez más, rompe los esquemas de la convención social, y en este caso, de la etiqueta más elemental. Se comporta como un extraño, un bárbaro que no sabe situarse en el entorno que se mueve. Parece que vive fuera de la realidad. Y sin embargo...

En la carta que dirige a fray Juan, dándole consejos para que mejore su capacidad de estudio, le dice:

---

[5] *Ibid.*, p. 89.

«Muéstrate amable con todos, pero no indagues en absoluto acerca de las acciones ajenas. [...] No te entrometas, de ningún modo, en las palabras y en las acciones de la gente del mundo. Huye el tratar acerca de todos los temas»[6]. Todo «parece» indicar un cierto desprecio del mundo, pues todo esto puede «distraer» de lo verdaderamente importante: Dios, el estudio, la sabiduría...

Tomás quiere distanciarse de toda distracción inútil: de lo superficial, de lo irrelevante, de lo insustancial. En la actualidad, la información a todos los niveles se ha multiplicado exponencialmente en cantidad y rapidez; la inmensa mayoría de esa información es prescindible: el *selfie* con el mono del zoológico o en la cascada ignota; el último resfriado del cantante de turno; la enésima disputa sobre las prestaciones de un jugador recién fichado en un equipo... Y todo esto tiene una duración muy fugaz. En términos de Tomás, es puramente contingente, tiene escasa realidad, como la hierba del campo que hoy es y mañana ya ha desaparecido. En la sociedad actual (y seguramente también en la de Tomás), vamos detrás de las últimas novedades de lo fútil e insustancial. Nada sabemos de las conversaciones mantenidas por los invitados a la cena de san Luis, y sin embargo la refutación de los maniqueos sí ha llegado hasta nosotros, recogida en diversos pasajes de la *Suma de Teología*[7]: ha sobrevivido a la prueba del tiempo.

---

[6] TOMÁS DE AQUINO, «Carta al hermano Juan».
[7] Cfr. TOMÁS DE AQUINO, *Suma de Teología*, I, q. 49, a. 3; I, q. 65, a. 1; II-II, q. 10, a. 5.

En realidad, Tomás de Aquino evitaba las distracciones porque le impedían centrarse en lo esencial, en lo necesario, en lo profundo, en lo decisivo. Vivía en la realidad, pero con una mirada más profunda. Chesterton dice de él que «era un hombre que sobre todas las cosas fijaba una atención plena que parecía fijar a su vez las más pasajeras a medida que pasaban. Para él, aun lo momentáneo era primordial»[8]: esa es la mirada metafísica, es decir, aquella que es capaz de trascender lo efímero, lo pasajero, lo que captamos fugazmente por los sentidos, para llegar a lo radical, a aquello que nos hace vivir plenamente en lo real, en el porqué último de las cosas. Cuando la filosofía contemporánea nos invita a renunciar «a los grandes relatos», a las visiones «metafísicas» de la realidad, se quiera explícitamente o no, nos está empujando a renunciar a esa mirada hacia lo relevante y lo esencial, para «perder el tiempo» con lo insustancial. Pensar «a fondo» es visto con sospecha; se afila el sentido crítico de la navaja de Ockham, pero para dirigirla a lo irrelevante e insustancial.

Para santo Tomás, la consideración de las causas más altas, o más profundas, compete principalmente al sabio. Así dice él: «La sabiduría es el recto juicio acerca de las cosas divinas»[9]. El valor de la sabiduría no se la puede comparar con piedras preciosas, ya que los que se dedican a coleccionarlas –hombres refinados, dice el Aquinate– no la perciben por estar tan inmersos en los placeres. Entre los hombres, lo precioso tiene que ver

[8] G. K. Chesterton, *Santo Tomás de Aquino*, p. 170.
[9] Tomás de Aquino, *In Job*, cap. 2.

con lo oculto, lo inaccesible, pero en el caso de la sabiduría no sucede así: está al alcance de todos, aunque sus orígenes o raíces permanezcan aparentemente escondidos. Por un lado, la sabiduría se halla en la luz del intelecto, que procede en nosotros de la causa más oculta, es decir, de Dios. Por el otro, se encuentra en las cosas conocidas cuyas propiedades ocultas investiga el sabio hasta ascender al conocimiento de Dios mismo, que es la plenitud de la sabiduría[10].

Un sabio, como el mismo Tomás lo fue, no se queda en la mera consideración teórica: indaga acerca del fin último de la vida humana, es decir, la felicidad, y se remite a Aristóteles, quien «hace consistir la suprema felicidad del hombre en la contemplación del supremo bien inteligible. [...] Por eso, dice san Agustín [...] que en la consideración de las criaturas no ha de emplearse una curiosidad vana y perecedera, sino que ha de servirnos de medio para elevarnos a las cosas inmortales y eternas»[11]. Tomás de Aquino advierte de la inanidad del lenguaje para hablar de cosas que nos distraen de lo esencial, de lo fundamental, es decir, de Dios y «las cosas divinas y humanas». Así, cuando habla de los grados de contemplación, describe la ascensión de lo que se nos presenta a los sentidos hasta la visión de Dios en lo que consiste la felicidad.

> Aquellos seis grados de contemplación designan los grados mediante los cuales se asciende a la contemplación de Dios a través de las criaturas. En efecto, en el primer grado figura la percepción de

---

[10] Cfr. *Ibid.*, cap. 28.
[11] Id., *Suma de Teología*, II-II, q. 180, a. 4.

las cosas sensibles; en el segundo, el paso de lo sensible a lo inteligible; en el tercero se juzga lo inteligible a través de lo sensible; en el cuarto figura la consideración absoluta de las cosas inteligibles, a las cuales se llega a través de lo sensible; en el quinto está la contemplación de lo inteligible, que la razón no puede hallar a través de las cosas sensibles, pero sí por medio de la razón misma, y en el sexto, la consideración de las cosas inteligibles, que la razón no puede alcanzar ni comprender, que pertenecen a la contemplación sublime de la verdad divina, en cuya contemplación halla su perfección final[12].

Tomás de Aquino nos está hablando del ideal del sabio, no del erudito que acumula información irrelevante, sino del que «saborea» (*sapientia*, sabiduría) las verdades más profundas y duraderas. En efecto, el sabio aspira a poseer una comprensión profunda de la existencia, tanto en la teoría como en la práctica: implica una visión amplia y comprensiva de la realidad. Para el Estagirita, es propio del sabio considerar las causas más altas. El Aquinate prefiere hablar de «la más alta causa»: el sabio es capaz de juzgar las cosas inferiores a la luz de una causa más alta[13]. De esta manera, el maestro dominico, en consonancia con Aristóteles, habla de la necesidad de una disciplina llamada «sabiduría» o ciencia rectora encargada de ordenar a las otras ciencias hacia el único fin de la felicidad humana, y que, como tal, cumple la función arquitectónica de una «sabiduría ordenadora» que regula y dirige a las demás

---

[12] *Ibid.*, ad 3.
[13] Id., *Suma de Teología*, I, q. 1, a. 6.

ciencias con vistas a la consecución del fin de la vida humana[14].

Shakespeare, en la tragedia de *Hamlet*, parece hacerse eco de la vacuidad de una conversación insustancial, cuando Polonio pregunta: «¿Qué lees, mi señor?», y Hamlet le responde: «Palabras, palabras, palabras». Unas palabras vacías que pasan sin dejar huella en la mente y en el corazón. La cháchara insustancial fue también tema de atención por parte de Heidegger, y habla de ella como modelo de una existencia inauténtica. Una vida humana volcada en la exterioridad, en la fugacidad de lo pasajero.

Evidentemente, pocos poseen el genio de Tomás ni su capacidad de abstracción y atención. Nuestra mente, la de los pobres mortales, necesita descansar en cosas fútiles: el deporte, la música, nuestros pequeños «hobbies»; pero cuando el mundo de lo circunstancial, de la cháchara insustancial o la sobredosis de sensaciones fuertes pero fugaces parecen sofocar la mirada profunda sobre la realidad, empezamos a vivir de manera «inhumana», pues estamos abdicando de la potencia más noble concedida por Dios al hombre: la capacidad de conocer y amar la verdad última de las cosas y dirigir nuestra vida de acuerdo a ella.

---

[14] Id., *Comentario a la Metafísica de Aristóteles*, Proemio.

13.

UN TRABAJADOR INFATIGABLE: LA SUMA DE TEOLOGÍA, UNA CATEDRAL DEL PENSAMIENTO

En 1878, León XIII fue elegido papa. Fue un pontificado fecundo y marcado por los cambios sociales que se vivían a finales de siglo. Tuvo la clarividencia de ver los problemas de su época y dar una respuesta a la luz del evangelio. Así, por ejemplo, ante la llamada «cuestión social», publicó la encíclica *Rerum novarum*, que ha marcado desde entonces la doctrina social de la Iglesia. Pero fue también un pontífice preocupado por las ideas filosóficas y teológicas que estaban en el aire. Y para dar también una respuesta consistente, promovió el estudio de santo Tomás en la Iglesia mediante la encíclica *Aeterni Patris*. Fruto de aquel impulso fue la creación de la *Comisión leonina*, responsable de la edición crítica de las obras de santo Tomás. Comenzaron la publicación en 1882... ¡y aún no han acabado! Es verdad que el trabajo crítico es una labor ímproba y requiere muchísimo tiempo, pero la tardanza se debe

también al número de obras que compuso santo Tomás. Para tener una idea, sus obras completas están
proyectadas en 50 volúmenes y muchos tienen una extensión que supera las quinientas páginas. Y todo lo escribió aproximadamente en 20 años. Es más, la mayor
parte de su producción escrita está concentrada en los
últimos 10 años de vida y vemos que la producción aumenta a partir de su segunda regencia en París. Una
simple mirada a la cronología de sus publicaciones
muestra un aumento creciente de su actividad que, en
parte, podría explicar su agotamiento intelectual al final de su vida. Torrell nos traduce a nuestras categorías
tipográficas el ingente trabajo especulativo del Aquinate en los últimos años de vida:

> La evaluación cifrada del trabajo realizado du-
> rante el periodo que va desde octubre de 1268 hasta
> finales de abril de 1272, correspondiente a unos
> 1 253 días posibles de trabajo, nos permite obtener
> un total de 4 061 páginas en la edición normal de
> Marietti (lo que corresponde más o menos a otras
> tantas columnas de la *Opera omnia*, en la edición de
> R. Busa para el *Index Thomisticus*). Esto significa
> una media de 3,24 páginas por día, es decir, un total
> diario de 2 403 palabras (a razón de 742 palabras
> por página). Si consideramos solamente los dieci-
> séis meses del periodo final (1271-1272), y teniendo
> en cuenta el hecho de que algunas obras se super-
> ponen de una y otra parte desde el 10 de enero de
> 1271, la cifra se eleva a 2 747 páginas redactadas en
> 466 días, lo que da una media diaria de 5,89 pági-
> nas, notablemente superior a la anterior. Una últi-
> ma cifra ayudará a visualizar el trabajo realizado:
> una hoja de nuestro papel actual (formato DIN A4)

contiene en dactilografía apretada, alrededor de 350 palabras. Tomás habría redactado 12,48 hojas por día[1].

Es evidente que el trabajo de Tomás fue agotador; si bien es cierto que recibió abundantes talentos de inteligencia y sabiduría, no es menos cierto que los hizo rendir hasta la extenuación. Evidentemente, no solo se trata de cantidad, sino de la profundidad y fecundidad de un pensamiento que regó abundantemente los montes, como glosó admirablemente en su primer ejercicio académico: «rigans montes de superioribus suis».

Sus obras son de muy distinto tipo; las hay sistemáticas, como el *Comentario a las Sentencias*, pero también circunstanciales, como las obras escritas con ocasión de la polémica antimendicante. Pero Tomás de Aquino escribió también opúsculos, comentarios a la Sagrada Escritura, comentarios a Aristóteles y a libros de procedencia neoplatónica; trabajó también las famosas cuestiones disputadas y cuodlibetales (sobre cualquier tema), escribió el oficio del Corpus y también piadosas oraciones. Fue un escritor versátil y profundo. Y un trabajador incansable. Cuentan sus biógrafos que dictaba simultáneamente sus distintas obras a varios secretarios, lo cual revela una claridad mental muy poco común[2].

Pero, sin duda, la *Suma de Teología* es la obra por la cual es universalmente reconocido. En 1265, Tomás es destinado al convento dominicano de Roma para fun-

---

[1] J.-P. TORRELL, *Initiation à saint Thomas d'Aquin*, pp. 307-308.
[2] Cfr. «Processus canonizationis sancti Thomae Aquinatis, Neapoli» 77, p. 316.

dar en Santa Sabina un *Studium* para la formación de los hermanos elegidos en los diversos conventos de la provincia romana. Se trataba de un alumnado procedente del mundo agrícola, con escasa formación en letras y humanidades. A la Orden de Predicadores le preocupaba el pobre nivel académico de los dominicos de esa región y encargan a Tomás que lleve a cabo un plan experimental: así nació la *Suma de Teología*. Al leer el prólogo podemos comprender mejor la intención con la que Tomás redactó esta obra magna: encauzar la formación moral de los hermanos dominicos sobre una base dogmática más amplia. Así se explica el principio de la *Summa:* «como el doctor de la verdad católica debe enseñar no únicamente a los más avanzados, sino también a los principiantes [...], nuestra intención es exponer lo que concierne a la religión cristiana según el modo que conviene a la formación de los principiantes»[3]. Su disposición en un cuerpo de enseñanza doctrinal les ofrecería no una simple continuación de cuestiones yuxtapuestas, sino una síntesis orgánica que les permitiría captar sus vínculos internos y su coherencia. Durante el tiempo que Tomás permaneció en Roma (hasta septiembre de 1268), redactó la *Prima Pars* en su totalidad. La *Prima Secundae* y la *Secunda Secundae* las compuso durante la segunda estancia parisina. La continuación, conocida con el nombre de *Suplemento*, fue compuesta por sus discípulos a partir de su *Comentario a las Sentencias* después del fallecimiento del maestro.

---

[3] TOMÁS DE AQUINO, *Suma de Teología*, I, proemio.

Tomás enuncia de modo explícito su plan: «Como el propósito principal de esta *sacra doctrina* es transmitir el conocimiento de Dios, hablaremos primero de Dios *(Prima pars)*, después, del movimiento de la criatura racional hacia Dios *(Secunda pars)* y, finalmente, de Cristo, que, debido a su humanidad, es el camino que nos lleva hacia Dios *(Tertia pars)*»[4]. Así pues, primero va a hablar de Dios según es en sí mismo: la esencia divina y la distinción de las personas. Pero como Dios es también el principio y el fin de todas las cosas, hay que hablar también de la manera en que las criaturas proceden de Dios. Por tanto, esta parte comprende a su vez la creación en general, la distinción de las criaturas (ángel, hombre, mundo material) y la mediación de causas segundas. En la *Secunda Pars* trata, en primer lugar *(Prima Secundae)*, de la ordenación del hombre a Dios, del fin último del hombre y los medios por los que el hombre alcanza este fin (vicios o virtudes en general, la ley y la gracia). En la *Secunda Secundae* trata de las virtudes teologales y las virtudes cardinales. La *Tertia pars* expone la doctrina sobre Jesucristo, el Salvador, es decir, el misterio de la encarnación en sí mismo y lo que el Verbo hizo y sufrió por nosotros en su carne. Esta tercera parte se completa con el estudio de los sacramentos, a través de los cuales conseguimos la salvación: primero, en general y después, por el bautismo, la eucaristía y la penitencia.

Tomás concede mucha importancia a lo que llama la *intentio* del maestro y propone organizar la materia de la Teología con Dios como centro y todas las cosas a

---

[4] *Ibidem.*

su alrededor, según la relación que tengan con él: ya sea porque proceden de él desde su origen, ya sea porque vuelven hacia él como fin último. De forma más precisa y completa podemos decir que la misión divina *ad extra* se explica según el orden de las procesiones de las personas divinas *ad intra*. Este proyecto innovador no fue aceptado con entusiasmo por todos, incluidos los mismos hermanos dominicos. Durante mucho tiempo todavía se prefirieron las *Sentencias*. Aunque sea lamentable, el historiador debe constatar que la obra maestra de Tomás no llegó directamente al gran público; solo en el siglo XVI se acabó imponiendo en la enseñanza de la Teología católica por el impulso de otro dominico: Francisco de Vitoria.

14.
DE VUELTAS
POR EUROPA

La biografía del filósofo alemán Immanuel Kant nos sorprende con un dato curioso: en sus casi 80 años de vida, nunca salió de Königsberg, su ciudad natal. No podemos decir lo mismo de Tomás de Aquino. Ya hemos visto que a los pocos años de nacer fue enviado al monasterio de Montecassino, aunque se encontraba bastante cerca de su hogar natal. Pero una vez abrazada la vida de los frailes dominicos, realizará un sorprendente recorrido por Europa. Resulta todavía más elocuente la itinerancia de Tomás cuando comparamos su posible vida de monje con su real vida de fraile. Los monjes benedictinos tienen un voto de estabilidad que los vincula de por vida al monasterio al que pertenecen; santo Domingo, sin embargo, fundó la Orden de predicadores con un sentido apostólico que se adaptaba admirablemente a los tiempos que corrían y permitía gran flexibilidad de movimiento. Tomás es un claro ejemplo de ello.

Después de marchar a París, tuvo que acompañar a Colonia a su maestro Alberto; pasados tres años, volvió a la capital de los franceses. Permaneció ahí unos años y alcanzó el grado de *magister in Sacra pagina*. En ese entonces tenía unos 30 años y se quedó hasta los 35... pero entonces le mandaron ponerse otra vez en camino. Esta vez, el destino era probablemente Nápoles. Luego siguió a la corte papal en Orvieto y quizá Viterbo, residió en Roma unos años, donde creó un nuevo *studium* de la Orden y comenzó la redacción de su obra magna. Con 43 años vuelve a París, donde ocupa nuevamente la cátedra de extranjeros que poseían los dominicos y, pasados unos años, debe partir nuevamente a Nápoles. Ya enfermo es convocado por el papa al concilio de Lyon y, obediente, se dirige a Francia. Muere, sin embargo, por el camino. No deja de ser un reflejo de su vida. Tomás fue un hombre itinerante dedicado a la verdad y murió como vivió.

Nápoles, París, Colonia, Roma... En un mundo interconectado como el nuestro, quizá no resulta llamativo el «tour por Europa» que realizó Tomás en su vida, pero si pensamos que los viajes se hacían normalmente a pie o, en el mejor de los casos, con una cabalgadura, ya empezamos a notar que no era un intelectual sedentario. Todo lo contrario. Para que nos hagamos una idea, la distancia a vuelo de pájaro entre Nápoles y Roma son 250 km aproximadamente. La distancia a París es de más de 1 500 km; caminando a ritmo rápido y sin pausas, se tardaría un mes y un medio... mucho más de lo que se recorre habitualmente en un camino de Santiago, por ejemplo. Y las condiciones en los caminos y las ropas de abrigo que usaban tampoco eran como las de hoy. Tomás de Aquino se movió mucho, porque mucho se movieron en general los frailes en esa época. Pero no debemos olvidar el lema de los dominicos, porque marcaba su vida incluso en ese constante desplazamiento por Europa: *contemplari et contemplata aliis tradere*. Ya hemos tratado de este nuevo ideal, pero al constatar la cantidad de kilómetros recorridos y el tiempo que eso supone, surge inevitablemente una pregunta: ¿cómo se podía ser contemplativo con tanto movimiento? O, dicho de otro modo, ¿cómo compaginaba su vida intelectual (y espiritual) con los múltiples viajes y ocupaciones que le demandaban su condición de fraile mendicante?

Es verdad que la expresión «vida intelectual» no se encuentra en los escritos del dominico, pero podemos encontrar una expresión semejante y que sintetiza bien su contenido, aunque no son estrictamente simétricas: *vida contemplativa* (que incluye como una particularización la vida teológica, sin agotarla). Ahora bien, Tomás sabe que, en esta vida, la contemplación no puede ser una actividad continua y que incluso parece estar por encima de nuestra condición. Como decía Aristóteles, la contemplación «podría ser considerada impropia del hombre, pues la naturaleza humana es esclava por muchos aspectos; de suerte que, según Simónides, solo un dios puede tener este privilegio, aunque es indigno del hombre no buscar la ciencia a él proporcionada»[1]. Por eso, a pesar de las múltiples actividades que pudiera tener, Tomás de Aquino buscaba tanto cuanto fuera posible ese conocimiento de la Verdad que persiguen los contemplativos. Lo cual

---

[1] ARISTÓTELES, *Metafísica* I, 2; 982b27-32.

es también una enseñanza para nosotros que vivimos en un mundo acelerado y disperso por múltiples ocupaciones. Quizá no podemos dedicar largo tiempo a la contemplación o a la especulación, pero eso no nos exime de intentar buscar y vivir en la verdad en la medida de nuestras posibilidades.

Pero esto se entiende mucho mejor cuando precisamos qué entendía Tomás por vida contemplativa o intelectual. Se añade dicho calificativo para significar que esa operación es la principal dentro de las actividades de quien se ha consagrado a la búsqueda de la verdad y que dicha actividad estructura y soporta todas las otras. Parafraseando un texto de sus comentarios a las epístolas de san Pablo, podemos decir que, así como para el militar su vida es el ejercicio de las armas y para el cazador, la caza; así para el contemplativo, su vida es la dedicación intensa a la verdad[2]. Es un poco lo que le ocurre a un forofo del fútbol. No está pensando (en principio) durante todo el día en su equipo y en las competiciones, pero de tal manera está «atrapado» por este deporte, que hasta cierto punto condiciona y estructura su ritmo de vida. Entre semana tendrá que trabajar y atender a sus responsabilidades, pero, de algún modo, el fútbol estará siempre presente, al menos en segundo plano, y pronto para pasar a ocupar el puesto principal. Algo así le ocurría a Tomás de Aquino. Viajaba, mendigaba, atendía sus ocupaciones como fraile, pero en todas estas múltiples actividades había una tensión subyacente que lo orientaba continuamente hacia la verdad.

---

[2] Cfr. TOMÁS DE AQUINO, *Ad Philip.* 1 lect. 3.

Y aquí es importante dar un paso más. La verdad que polarizaba su vida y a la cual dedicaba todos sus esfuerzos no era simplemente una verdad racional, sino Cristo, que es «Camino, Verdad y Vida». Por esta razón, para Tomás de Aquino, la vida intelectual fue un camino de santidad y la santidad, por su parte, el fundamento de la vida intelectual. Con esto nos vamos acercando al núcleo de su vida. Ya no se trata simplemente de mirar la ocupación principal de su vida, sino de descubrir que esa dedicación fue el camino particular que tuvo que atravesar para alcanzar la santidad. Obviamente, la dedicación a la sabiduría filosófica, lo mismo que cualquier actividad humana, puede ser camino de santidad en cuanto integrado en el plan de salvación de Dios; pero la contemplación en sí misma (y en Tomás, vinculada a la teología) es un camino particular de santidad porque, en este caso, la verdad que se busca no es otra que Dios mismo. En un lenguaje más técnico y tomasiano, según el orden de las potencias, esta vida contemplativa significaría la dedicación a la más excelente de las operaciones teniendo el óptimo objeto. Se vislumbra ya desde esta perspectiva por qué santo Tomás concebía la vida contemplativa como una incoación de la vida bienaventurada.

Pero esta explicación resulta insuficiente para comprender plenamente la naturaleza de este género de vida. Lo particular de la contemplación sobrenatural es que, como dice el santo dominico, «el deseo de la contemplación procede del amor del objeto»[3], es decir, la vida contemplativa sobrenatural tiene su origen en la

---

[3] Id., *In III Sent* d. 35, q. 1, a. 2 qc1.

afectividad, en la caridad que impulsa a buscar a Dios. Por eso se comprende también perfectamente por qué la santidad es también el fundamento de dicha vida intelectual. La búsqueda de la verdad implica, obviamente, el estudio y un trabajo de investigación serio, pero para que dicho trabajo sea fecundo, nunca se puede perder de vista que lo propio del teólogo es alcanzar la sabiduría, es decir, ese conocimiento alto que permite juzgarlo todo desde sus causas últimas.

Y en este punto, santo Tomás amplía aún más nuestro horizonte al vincular, de modo genial, el don sobrenatural de la sabiduría con la caridad. Dice el Doctor Angélico que lo propio de la sabiduría es la rectitud de juicio según las razones divinas, pero esta rectitud se puede alcanzar de dos maneras: por el perfecto uso de la razón o por cierta connaturalidad con aquello sobre lo que se juzga. Para juzgar con profundidad sobre las cosas, debemos «padecer lo divino como Hieroteo, que se hizo perfecto en los misterios no solo estudiando, *sed et pati divina*, connaturalizarnos con Dios, y esto se alcanza por la caridad»[4]. La vida de santo Tomás es un claro ejemplo de ello; dicen sus biógrafos que solía acercar su cabeza al sagrario como «para sentir palpitar el Corazón divino y humano de Jesús» y por eso es tan recomendable comenzar siempre el estudio con una oración que eleve nuestra mente a Dios.

---

[4] TOMÁS DE AQUINO, *Suma de Teología*, II-II, q. 45, a. 2.

15.
REGINALDO DE PIPERNO, SECRETARIO, AMIGO Y CONFESOR

La actividad intelectual, aunque sea una actividad personal (nadie puede pensar por mí), no es nunca una actividad solitaria. Cuando se analiza, por ejemplo, el movimiento romántico-idealista o a los existencialistas del siglo pasado, sorprende ver cómo la genialidad de unos se potenciaba con la de los otros. Difícilmente podrían haber alcanzado la fuerza que tuvieron, si hubieran simplemente trabajado individualmente, como francotiradores. El trabajo intelectual es un trabajo de grupo, donde la discusión y la polémica está siempre al servicio de la verdad. También Tomás vivió en este clima de diálogo, confrontación y sincera amistad. Pensemos en la estrecha relación que tuvo con Alberto Magno o la cercanía con Buenaventura, a pesar de las evidentes diferencias entre sus posiciones filosóficas y teológicas. Pero podemos pensar también en el rico diálogo que se mantuvo en general durante el siglo XIII con los pensadores que posibilitaron el surgimiento de la escolástica y que marcaron un modo de hacer teología. Agustín de Hipona, Pedro Lombardo, Abelardo, Bernardo, Anselmo... y son una mínima parte de los pensadores que constituían el *humus* sobre el cual se asentó el pensamiento medieval. La gran potencia cultural que se alcanzó durante ese periodo de tiempo depende en gran medida de la red de pensadores que en mutua interacción buscaron la verdad.

Sin embargo, el estudio tiene también un componente personal, porque toda actividad humana se ordena, en último término, a la amistad. Valen aquí las palabras de Cicerón: «¿De qué modo la vida puede ser digna de ser vivida [...], si no descansa en la mutua benevolencia del amigo? ¿Qué es más dulce que tener a alguien con quien uno se atreva a hablarlo todo como si hablara consigo mismo?»[1]. También esto lo vivió de modo profundo Tomás de Aquino. Cuentan sus biógrafos, por ejemplo, que su amigo y secretario Reginaldo estaba gravemente enfermo de paludismo (estaba postrado en cama) y que santo Tomás lo encomendó a santa Inés y le impuso una reliquia para que se curara. Al obtener la salud, Tomás dispuso celebrar todos los años la fiesta de santa Inés invitando a una buena cena *(festum solemne cum bona refectione)* a todos los alumnos y frailes del convento para manifestar su agradecimiento[2]. Esto refleja una normalidad y sentido de la amistad que quizá no esperaríamos de un fraile y mucho menos de un genio filosófico. Fijé-

---

[1] Cicerón, *Sobre la amistad*, 22.
[2] Cfr. T. de Lucca, «Historia ecclesiastica nova» XXIII, c. 10 [178], pp. 363-364.

monos en todos los elementos del relato. Primero, la grave enfermedad; segundo, la preocupación de Tomás; tercero, el recurso a una reliquia y la confianza en los santos; cuarto, la curación milagrosa y, por último, la celebración con una comida. Aparece la fe sencilla y confiada, la inquietud por un desenlace incierto, la eficacia de la oración... pero el último punto es clave: hay que celebrar con una comida. La devoción de Tomás está fuera de dudas, pero el texto no dice que hiciera alguna obra piadosa como acción de gracias, sino que mandó celebrar una comida. Y es una comida en honor de santa Inés. Aquí la naturalidad con que se vive lo sobrenatural adquiere casi un carácter normativo.

Y no es casualidad que eligiera una comida. Ya Aristóteles había hablado de la necesidad de pasar largos ratos juntos para consolidar una amistad. «Es imposible conocerse unos a otros antes de haber consumido juntos muchas arrobas de sal»[3]. El verbo que utiliza para este «tomar la sal», por cierto, es el mismo que se emplea en los Hechos de los Apóstoles 1, 17 para hablar de la convivencia de Cristo con sus discípulos. Dicho de otro modo, es necesario perder el tiempo con el otro para que el otro pase a formar parte de la propia vida. Por eso es importante la comida, porque propicia la convivencia y compartir con el otro. Además de tener un elemento sensible muy grato, obviamente.

Al leer los relatos sobre la vida de Tomás y los testimonios de su proceso de canonización, sorprende ver

[3] ARISTÓTELES, *Ética a Nicómaco*, VIII, 3; 1156b27-28.

esa relación entrañable que mantenía con algunos frailes y lo estimado que era por aquellos que lo conocían. A veces puede alguno hacerse una imagen mental de los intelectuales como personajes solitarios o separados del mundo[4], pero eso no responde a la realidad; o al menos, no necesariamente. En el caso de Tomás, se ve muy claramente que era profundamente amigo de sus amigos y la centralidad de la amistad no solo resplandece en sus obras, sino también en algunos episodios de su vida, como el que hemos reseñado anteriormente.

Pero ¿por qué la amistad es importante? La pregunta puede parecer ociosa, pues todos reconocen su valor. Sin embargo, en un mundo interconectado y acelerado, quizá es fácil olvidar todo lo que ella implica y su centralidad en la vida personal. Basta mirar el número de «amigos» que forman parte de una red social para caer en la cuenta de que la amistad es comúnmente deseada, pero pocas veces vivida en plenitud. ¿A quién podemos llamar, en este sentido, «mi amigo»?

Para responder a esta pregunta, lo primero que debemos distinguir es entre tipos de amor. Tomás de Aquino afirma que una cosa es el amor posesivo y otra, el amor oblativo. En lenguaje más técnico, por una parte está el amor de concupiscencia (que no tiene ninguna connotación negativa) y por otra, el de benevolencia. El primero es un amor de cosa, porque se ama algo en la medida en que aporta un beneficio. Así,

---

[4] Cfr. PLATÓN, *Teeteto* 174a-b.

por ejemplo, decimos que nos apetece una cerveza o comer un chocolate. En este caso, quiero alguna cosa *para mí*. El amor de benevolencia, por el contrario, es un amor que busca el bien del otro. Es el amor a una persona. Como dice Tomás:

> Amar a alguien es quererle bien; así pues, el movimiento del amor tiende a un doble término: al bien que se quiere (ya para uno mismo, ya para otro) y a aquel para quien se quiere dicho bien. Al bien querido para alguien se le tiene amor de concupiscencia y a aquel para quien se quiere este bien se le tiene amor de amistad. Esta división es según anterioridad y posteridad. Pues aquello que se ama con amor de amistad, se ama absolutamente y por sí mismo, pero lo que se ama con amor de concupiscencia no se ama absolutamente y por sí mismo, sino que se ama por otro[5].

Esta distinción establece una diferencia fundamental entre los dos tipos de amor, pues en un caso se ama *algo*, mientras que en el otro se ama a *alguien*. Obviamente, ambos amores son buenos, pero el amor radical es el amor a la persona, porque todo se ama en orden a ella. En este sentido, Tomás señala que nadie tiene amor de amistad con el vino o con un caballo, porque esos bienes se aman en la medida en que se ordenan a otro. Es una distinción básica y que intuitivamente aplicamos todos los días. Por poner un ejemplo: si un padre tuviera que elegir entre un coche y su hijo, sin importar el coche que sea, si amara más al

---

[5] Tomás de Aquino, *Suma de Teología*, I-II, q. 26, a. 4.

coche que al hijo, todos verían que ese padre tiene un problema.

Ahora bien, este amor de benevolencia no basta para constituir una amistad. Por una razón muy sencilla: si amamos al otro y nos somos correspondidos, no decimos que esa persona sea nuestro amigo. Por eso, Aristóteles decía que la amistad exigía la mutua benevolencia y comunicación en las operaciones de la vida. Esta reciprocidad conocida o al menos que no pasa inadvertida es esencial para la amistad, pues (aunque parezca un trabalenguas) el amigo es amigo también para el amigo. Esta *redamatio* o amor mutuo une a los dos amigos y propicia una comunión de vida, porque en la medida en que busco el bien del otro y el otro participa también en ese amor de benevolencia, se da una cierta identificación entre ambos. De algún modo se ama al amigo como *otro yo*. Por eso «es propio de la amistad que uno revele sus secretos al amigo, porque, puesto que la amistad une los afectos y de dos hace como un solo corazón, no parece que proceda fuera de su corazón lo que revela al amigo»[6].

En el tema de la amistad, sin embargo, hay que mantener un sano realismo. La amistad que hemos descrito es lo que podría llamarse una amistad perfecta «de hombres buenos e iguales en virtud», pero obviamente hay grados de amistad. No todos pueden ser amigos de todos con la misma intensidad. Por eso, en la *Ética a Nicómaco*, Aristóteles con gran penetración psicológica distingue tipos de amistad y Tomás lo si-

---

[6] Tomás de Aquino, *Summa contra gentiles*, IV, 21.

gue en su explicación. Tenemos, por ejemplo, la amistad útil en que se da un afecto recíproco y no desconocido, pero es una amistad que se apoya en el beneficio que ella aporta. Los ejemplos son infinitos: para jugar un partido de fútbol, necesito cinco personas en el equipo y puedo mantener con ellas una verdadera amistad en torno al fútbol, pero no son personas que pasen a formar parte de mi vida. «Y, así, cuando la causa de la amistad se rompe, se disuelve también la amistad, ya que esta existe en relación con la causa». Algo semejante ocurre con la amistad deleitable. Dos personas se hacen amigos por el deleite que proporciona la amistad o, dicho más llanamente, porque se lo pasan bien juntos. Pero la amistad perfecta es la que hemos descrito primero, aquella en la que se ama al otro como una prolongación de sí mismo. San Agustín, hablando de un amigo, llegó a afirmar por eso que era como la mitad de su alma[7]. Ahora bien, ¿en qué consiste principalmente esta amistad? En conversar, es decir, en poner la vida en común y dirigirla al mismo fin. Como dirían los latinos, *idem velle, idem nolle* (querer y no querer lo mismo) o como afirma un filósofo catalán, la última perfección de la inteligencia, «su para qué definitivo [...] ha de definirse como un diálogo»[8].

Tomás de Aquino va aún más lejos al hablar de este tema. El tema de la amistad tiene un profundo fundamento bíblico. En la última cena, Jesús dijo a sus dis-

---

[7] AGUSTÍN DE HIPONA, *Confesiones* IV, 6, 11: «Bien dijo uno de su amigo que *era la mitad de su alma*. Porque yo sentí que *mi alma y la suya no eran más que una en dos cuerpos*».
[8] J. BOFILL, *Obra Filosófica*, Ariel, Barcelona 1967, p. 97.

cípulos: «ya no os llamo siervos, porque el siervo no sabe lo que hace su señor; a vosotros, en cambio, os he llamado amigos, porque todo lo que oí de mi Padre os lo he hecho conocer» (Jn 15, 15). Por eso, al explicar cómo debe el hombre, en una perspectiva sobrenatural, relacionarse con Dios, fue el primero, por ejemplo, en describir la caridad como *cierta amistad*[9]. Cuando somos justificados y se infunde en nuestras almas la virtud teologal de la caridad, realmente somos introducidos en el amor de la Trinidad y entramos a formar parte de esa admirable intimidad divina. Por eso dirá también santo Tomás que «puesto que lo más propio de la amistad es conversar con el amigo, la conversación del hombre con Dios se realiza mediante su contemplación»[10]. Y aquí se cumplen todos los elementos de la amistad. Existe un amor de benevolencia recíproco (que, como indica Tomás, es posible «porque Dios nos ha amado primero») y también una perfecta comunicación de bienes. O más precisamente, nos hacemos disponibles para recibir las gracias divinas y ponemos nuestras vidas en manos de Dios, que, aunque le pertenecen, igualmente se las entregaríamos si no le pertenecieran.

- Esta noción de la amistad basta para orientar toda una vida. Primero, porque nos muestra el orden de amor que debemos guardar con las criaturas y los seres humanos, pero, sobre todo, porque señala en qué consiste propia y formalmente toda vida espiritual. Dios quiere que seamos amigos suyos y que crezcamos

---

[9] Cfr. Tomás de Aquino, *Suma de Teología*, II-II, q. 23, a. 1.
[10] Id., *Suma contra gentiles*, IV, 22.

hasta alcanzar la perfección de la caridad, que es la perfección de la amistad aquí en la tierra para que luego se prolongue eternamente en el cielo. Tomás de Aquino dice cosas tremendas, pero siempre en un tono apacible y sencillo. Pero si aprendemos a leerlo y mirar entre líneas, descubrimos un pensamiento rico y apasionado *que refleja su propio modo de vivir*. Tomás fue amigo de sus amigos y amigo de Dios.

hasta alcanzar la perfección de la caridad, que es la

16.
EL MÍSTICO
Y EL POETA

En la vida de santo Tomás, la poesía, la oración y la teología confluyeron en su relación con la eucaristía, el verdadero misterio que despertó toda su admiración. Al tratar sobre ella, expresó todo su genio como teólogo, como poeta compuso poemas insuperables y en su relación íntima con el Santísimo Sacramento se santificó como contemplativo. Quizá donde mejor se aprecia esto es en sus himnos eucarísticos. Toda su poesía nace de su contemplación y en cada verso expresa con simpleza y profundidad el misterio de nuestra fe. Jesús Sacramentado polarizó toda su vida y una prueba son sus últimas palabras: «Te recibo, precio de la redención de mi alma, viático de mi peregrinación. Por tu amor yo he estudiado, he vigilado y trabajado; te he predicado, enseñado y jamás he dicho nada contra ti»[1]. No es extraño que recibiera en la

---

[1] B. Gui, «Legenda sancti Thomae Aquinatis» [110], p. 175.

Iglesia el título de *Doctor eucarístico*. Pero podemos preguntarnos: ¿por qué ocupaba la eucaristía esta centralidad? La respuesta de la Iglesia es clara: «Los demás sacramentos, como también todos los ministerios eclesiales y las obras de apostolado, están unidos a la eucaristía y a ella se ordenan. La sagrada eucaristía, en efecto, contiene todo el bien espiritual de la Iglesia, es decir, Cristo mismo, nuestra pascua» (CEC 1324). Nuestro dominico comprendió que, en la eucaristía, Dios mismo escogía permanecer en el tiempo para ofrecernos la oportunidad de estar con él y para que creciéramos en su amistad, ya que, como decía el Filósofo, convivir es propio de los amigos[2].

En la vida de Tomás de Aquino hay muchos detalles sobre su piedad eucarística. Cuando tenía dificultades para comprender un problema filosófico o teológico, reclinaba su cabeza en el sagrario; cada día celebraba la eucaristía (cosa no del todo habitual en la época) y luego participaba en otra misa como acción de gracias; solía levantarse muy pronto para rezar delante del Santísimo... Su vida siempre fue a la par que su pensamiento, y toda esa piedad, como señalamos antes, se plasmó en su trabajo intelectual. Y en uno particularmente importante: el Oficio del *Corpus Christi*. Los inicios de esta fiesta litúrgica hay que buscarlos en una visión que tuvo una religiosa belga en el año 1210, pero no fue sino hasta 1264 cuando el papa Urbano IV introdujo definitivamente en la Iglesia latina el Oficio del *Corpus*. Casualmente, la corte papal estaba en Orvieto en esos años y Tomás de Aqui-

---

[2] Tomás de Aquino, *Suma de Teología*, III, q. 75, a. 1.

no estaba destinado en ella. Conociendo el papa su profundidad teológica y su piedad eucarística, le encomendó componer el oficio romano. La composición de santo Tomás sigue siendo fundamentalmente el oficio que rezamos todavía hoy en la celebración de esta fiesta[3]. La belleza de los himnos, la solidez de su doctrina, son una invitación a contemplar el misterio.

Las obras eucarísticas, sin embargo, no se acaban en el oficio o en las explicaciones de sus obras sistemáticas. Hay sobre todo un poema que ha ocupado un lugar destacado en la piedad tomasiana y que vale la pena comentar, aunque sea brevemente. Y hay un detalle que lo hace aún más cercano al misterio. Según lo atestigua Tocco, el *Adoro te devote* lo compuso Tomás en el lecho de muerte, poco antes de ir al cielo. Su última obra, una oración-poesía, dedicada a la eucaristía, sería también su testimonio vital.

Quizá lo más efectivo para acercarse a esta dimensión de Tomás como poeta, místico y teólogo es leer pausadamente sus composiciones e intentar gustar lo que en ellas se contiene. Por eso, ahora simplemente proponemos el texto y miraremos el núcleo de cada estrofa. Y en todas ellas encontraremos dos elementos estructurantes que nos harán de guía: en primer lugar, una afirmación, por así decir, doctrinal que revela un aspecto del misterio eucarístico, y por otra, una respuesta orante del alma frente a él. Es un ejemplo vivo

---

[3] Se discutió el siglo pasado la autoría del Oficio, pero, en palabras de Torrell, «después de los trabajos de Pierre-Marie Gy, la atribución a santo Tomás no puede ya ser puesta en duda razonablemente». J-P. TORRELL, *Initiation à saint Thomas d'Aquin*, p. 174.

de cómo la teología es vida contemplativa cuando se hace como servicio a la verdad[4].

> Te adoro con devoción, Dios escondido,
> Adoro te devote, latens Deitas,

> Oculto verdaderamente bajo estas apariencias.
> Quae sub his figuris vere latitas:

> A ti se somete mi corazón por completo,
> Tibi se cor meum totum subiicit,

> y se rinde totalmente al contemplarte.
> Quia te contemplans totum deficit.

Todo el himno (más allá de los problemas de crítica textual) se abre con una palabra que da el tono a toda la composición: *adoro*. Se afirma en esta apertura la verdad fundamental de lo que Tomás cree: Dios está presente. Pero lo está de un modo singular, pues no se manifiesta en la majestad de su gloria, sino oculto bajo las pobres especies de pan y vino. Esta simple estrofa es toda una manera de comprender a Dios. Nuestro Dios ama ocultarse, manifestarse veladamente, atrayéndonos desde nuestro interior. Y del reconocimiento de esta presencia que se nos oculta, brota la respuesta del hombre: la adoración, el caer de rodillas y reconocer que Dios es Dios. Y es una adoración que para santo Tomás está reforzada: adoramos con *devoción*. Ante Dios caemos rendidos, ¡pero no derrotados! Por eso, ya desde ahora se nota una tensión presente en todo el himno: es una adoración contemplativa, expresión del deseo de ver a Dios.

---

[4] Presentamos la traducción de: *Misal romano para los fieles I*, BAC, Madrid 2022, pp. 1558-1559.

Al juzgar de ti se equivocan la vista, el tacto, el gusto;
Visus, tactus, gustus in te fallitur,

pero basta con el oído para creer con firmeza.
Sed auditu solo tuto creditur.

Creo todo lo que ha dicho el Hijo de Dios:
Credo quidquid dixit Dei Filius:

Nada es más verdadero que esta palabra de verdad.
Nil hoc verbo Veritatis verius.

La segunda estrofa no es una repetición de lo dicho anteriormente; el contexto es totalmente otro. En este segundo momento, santo Tomás nos lleva de la mano al momento de la consagración. Las palabras que utiliza nos hablan, es verdad, de la necesidad de la fe para reconocer a Cristo, pero más radicalmente nos muestran que por la fe nosotros creemos que por las palabras del sacerdote se produce la admirable conversión de todo el pan en el Cuerpo de Cristo y de todo el vino, en su Sangre. Y la respuesta es clara: *credo*. Se hace una profesión de fe en las palabras que Cristo dijo a sus discípulos, pero también a las que sigue repitiendo cada día por medio de sus sacerdotes.

En la Cruz se escondía solo la divinidad,
In cruce latebat sola Deitas,

pero aquí también se esconde la humanidad.
At hic latet simul et humanitas;

Creo y confieso ambas cosas
Ambo tamen credens atque confitens,

y pido lo que pidió el ladrón arrepentido.
Peto quod petivit latro paenitens.

137

En esta tercera estrofa, santo Tomás nos traslada al calvario, pero para no asistir a dicho momento de modo impersonal, nos hace entrar en la escena tomando el lugar de un personaje concreto: Dimas, el buen ladrón. Es una invitación a ser como el buen ladrón: a él se le ocultó la divinidad, a nosotros, la humanidad, pero ambas confesamos ante el Santísimo Sacramento. Pero no para acabar en un acto de fe, sino ¡para suplicar al Señor que nos lleve al cielo! En Tomás, todo remite al cielo.

> No veo las llagas como las vio Tomás,
> Plagas, sicut Thomas, non intueor;
>
> pero confieso que eres mi Dios.
> Deum tamen meum te confiteor.
>
> haz que yo crea más y más en ti,
> Fac me tibi semper magis credere,
>
> que en ti espere, que te ame.
> In te spem habere, te diligere.

Con genialidad poética, en la estrofa siguiente, santo Tomás da vuelta a la situación anterior. Ella nos remitía al calvario, ahora santo Tomás, también con un personaje del Nuevo Testamento, nos pone en el cenáculo en la tarde de ese domingo inolvidable: la eucaristía no solo nos habla de la muerte de Cristo, ¡sino también de su resurrección! Pero es también una invitación más profunda. Al recordarnos al apóstol Tomás, nos muestra que también nosotros debemos hacer como él: en la eucaristía tenemos la posibilidad de tocar a Jesús, e incluso de recostarnos en su pecho, de descansar en el Verbo humanado que en sacramento nos acompaña. También la petición es importante: la vida de Cristo la recibimos nosotros ahora mediante las virtudes teologales.

¡Oh, memorial de la muerte del Señor!
O memoriale mortis Domini!

Pan vivo que da la vida al hombre.
Panis vivus, vitam praestans homini!

Concédele a mi alma que de ti viva,
Praesta meae menti de te vivere

y que siempre saboree tu dulzura.
Et te illi semper dulce sapere.

Probablemente, esta estrofa es la más densa teológicamente, porque consigue presentar de modo armónico dos dimensiones de la eucaristía que van siempre juntas, pero que no siempre se han presentado así: la dimensión sacrificial y su carácter de banquete. Es verdad, en la eucaristía, el Verbo vuelve a ofrecerse al Padre por la salvación del mundo, es el mismo sacrificio, pero también es verdad que en la eucaristía viene a ofrecerse a nosotros para que recibamos su salvación. Se produce también aquí un admirable intercambio. La eucaristía es como la síntesis de todo el movimiento de la redención: Dios baja al hombre para subir al hombre a Dios. Dios se nos da como alimento, y por eso pedimos aquí «saber/gustar» al Señor dulcemente, con todo ese contenido de conocimiento afectivo que implica.

Señor Jesús, bondadoso pelícano,
Pie pellicane, Iesu Domine,

límpiame a mí, inmundo, con tu sangre:
Me immundum munda tuo sanguine.

de la que una sola gota puede liberar
Cuius una stilla salvum facere

de todos los crímenes del mundo.
Totum mundum quit ab omni scelere.

Al hablar de la eucaristía, solemos pensar en el Cuerpo de Cristo, pero también la Sangre del Señor pertenece a este misterio. Santo Tomás nos habla de ella en esta estrofa, con la imagen del pelícano que da su vida para alimentar a sus crías. Esto es justamente lo que se contiene en la idea de sangre: la vida que se derrama para limpiar nuestros pecados. La limpieza se alcanza porque entramos en contacto, es decir, comunicamos, con esa Sangre de Cristo. Y también es importante notar que el Señor eligió el vino, porque el vino representa en el mundo humano la alegría: también nosotros estamos alegres porque alcanzamos por la Sangre de Cristo el mayor de los bienes posibles.

Jesús, a quien ahora veo escondido,
Iesu, quem velatum nunc aspicio,

te ruego que se cumpla lo que tanto ansío:
Oro fiat illud quod tam sitio;

que al mirar tu rostro ya no oculto,
Ut te revelata cernens facie,

sea yo feliz viendo tu gloria.
Visu sim beatus tuae gloriae.

Y así llegamos a la última estrofa, quizá la más entrañable de todas, porque es como la manifestación del deseo ardiente que tiene Tomás de alcanzar la meta. La eucaristía nos trae a Jesús, pero nos lo trae sacramentado, velado, como prenda de la gloria. Por eso la eucaristía, aun cuando nos hace vivir ya en Cristo, es también un alimento que aumenta nuestra hambre, porque siempre nos habla de algo más grande. Por eso, la última respuesta orante de este himno es una petición: «Te ruego que se cumpla lo que tanto ansío: / que al mirar tu rostro ya no oculto, / sea yo feliz viendo tu gloria».

17.
LA MUERTE DE TOMÁS

L a reflexión sobre la muerte siempre ha ocupado un lugar importante en la literatura espiritual cristiana. *Memento mori*. Pero, contrariamente a lo que solemos pensar, la muerte no tiene por qué presentarse con un carácter oscuro y macabro, sino que puede ser contemplada como el paso que nos permite entrar en contacto con Aquel a quien hemos amado y servido en la tierra. La muerte puede ser hermosa y tenemos muchos testimonios a lo largo de la historia. Donoso Cortés, por ejemplo, quedó sobrecogido por la muerte de su hermano y poco después escribió que «murió como los ángeles, si los ángeles morir pudieran». Tomás de Aquino murió joven, con menos de 50 años, pero sus últimos días son también un reflejo de su vida y un testimonio elocuente de lo que animaba toda su obra. Vivió la muerte como el último combate antes de alcanzar aquello que tanto anhelaba, a saber, la visión de Dios. De hecho, cuando leemos muchas de sus obras poéticas y también sus oraciones, descubrimos que siempre terminan con una petición: alcanzar la vida eterna. Y la Iglesia ha sancionado ya que goza del descanso de los justos.

Pero ¿cómo fueron los últimos meses (o días) de su peregrinación en la tierra? Como dijimos, después de una segunda regencia en París, fue enviado con relativa prisa a Nápoles para fundar un *studium*. No se sabe por qué la urgencia del mandato, pero quizá lo más razonable es pensar que le mandaron interrumpir el curso y dirigirse al reino de las dos Sicilias a finales de abril de 1272 para poder comenzar en septiembre el curso académico. Los viajes eran largos y penosos y, de hecho, llegó solo a finales del verano a la universidad donde había comenzado su formación académica y a finales de septiembre comenzó a impartir los cursos que habitualmente se le encargaban. Un detalle interesante es que retrasó un par de semanas las clases (recordemos que normalmente el curso iniciaba el 14 de septiembre, fiesta de la Exaltación de la Santa Cruz) porque tuvo que ejercer como albacea en un testamento familiar. Realizó dicha tarea con gran tacto y, por las implicaciones políticas que también tenía y que supo gestionar muy bien, mereció incluso el elogio del rey Carlos de Anjou.

Durante ese curso sigue trabajando incansablemente. Escribe, da clases, participa en disputas académicas... el ritmo que tenía en París parece repetirse en Nápoles. A finales de 1273, sin embargo, se produce un hecho extraordinario. Ya mencionamos cómo el día de San Nicolás (6 de diciembre), durante la celebración de la misa, tuvo una experiencia mística que le impidió seguir trabajando. Dice Bartolomé de Capua que padeció una admirable transformación. A partir de ese día, relatan sus biógrafos, Tomás estaba como ausente y distraído. Estaba redactando la tercera parte de la *Suma de Teología*, pero mandó retirar todos sus instrumentos de escritura y se sentía incapaz de completar su obra. Reginaldo no entiende por qué Tomás abandona el proyecto de terminar la *Suma de Teología*. Por toda respuesta, Tomás le responde simplemente: «Ya no puedo». Pero su secretario no se rinde e insiste, recibiendo la misma respuesta y una misteriosa confesión: «Todo lo que he escrito me parece paja en comparación a aquellas cosas que vi y me fueron reveladas»[1].

De nuevo Tomás nos sorprende: la visión del día de San Nicolás le ha marcado definitivamente. La visión que tuvo sería como una contemplación de la Verdad plena; todos sus razonamientos sobre Dios, y todo lo que había escrito sobre él «era paja», es decir, no valía nada. Para los que se dedican al trabajo intelectual, saben que cada publicación es hija de muchas horas de penoso esfuerzo y por eso con el tiempo se mira la obra producida con un cierto respeto y estimación. A todo escritor, incluso a los no especialmente vanidosos, le agrada que elogien su obra. Tomás ya ve su vida y su obra en su verdadera dimensión: junto a la belleza de Dios, toda obra hecha por mano de hombre parece ridícula y vacía. Desde la perspectiva de la eternidad todo se relativiza y se alcanza la verdadera dimensión.

Probablemente estaba agotado por el ritmo sobrehumano que había llevado los últimos años, pero mu-

---

[1] Cfr. «Processus canonizationis sancti Thomae Aquinatis, Neapoli» 79, p. 318.

cho más probablemente aún es que este silencio intelectual fuera la respuesta natural a la experiencia sobrenatural que había recibido. Sea como fuere, sus superiores se preocupan de su salud y lo mandan a descansar a casa de su hermana, que no se encontraba cerca de Nápoles. Su hermana sufre también el silencio en el que Tomás está sumido, pero acompaña lo mejor que puede a su hermano. Por ahora, sin embargo, nada indica que la muerte está próxima. A finales de ese año o inicios del siguiente (1273/1274), vuelve a su convento en Nápoles y permanece un mes aproximadamente antes de partir a Lyon. El papa había convocado un concilio para alcanzar la unidad entre católicos y ortodoxos y había pedido expresamente la participación de Tomás y Buenaventura en él.

Recordemos una vez más que los desplazamientos no eran fáciles en esa época. El viaje comienza probablemente a finales de enero de 1274 con la intención de llegar antes del 7 de mayo, fecha fijada para la apertura del concilio. Tomás seguía sin escribir y vivía en un profundo recogimiento interior, pero obediente al romano pontífice se pone en camino. Y se encarga de llevar consigo una obra escrita varios años atrás que trataba precisamente de los problemas que tendrían que tratarse en Lyon: *Contra errores graecorum*. Hay un detalle de este viaje que nos muestra que, a pesar del agotamiento, conservaba plenamente sus facultades intelectuales. Cuando pasaba cerca de Montecasino, el monasterio en el que había vivido como oblato y con el que seguía teniendo buenas relaciones, le pidió el abad que los visitara para resolver algunas dudas teológicas que discutían entre los monjes. Tomás se excusó de ir, pero les envió por escrito una respuesta que todavía conservamos y que es, probablemente, el último o penúltimo escrito del santo. El tema, además, no era sencillo: la presciencia divina de los futuros contingentes.

Si pudo comenzar el viaje, es signo de que gozaba, al menos, de una salud suficiente que le permitía ese esfuerzo físico. Pero durante el viaje, Tomás tuvo un accidente. Cuenta Bartolomé de Capua, testigo en el proceso de canonización, que, en el camino a Lyon, mientras iba en su cabalgadura (un burro), se golpeó la cabeza contra un árbol caído que atravesaba el camino. Cuando Reginaldo le preguntó si se había hecho daño, Tomás respondió simplemente «un poco»[2]. En ese momento, la salud de nuestro dominico comenzó a empeorar y como se agravaba su situación, lo llevaron al castillo de una sobrina suya que no estaba lejos.

En este lugar se registró un «gracioso» milagro. Tomás yacía en cama, enfermo, y Reginaldo, que lo cuidaba, quería aliviar, en la medida de lo posible, sus sufrimientos. Preguntó entonces si le apetecía comer algo, a lo que Tomás respondió: «Arenques frescos». Pero había un problema. El castillo se encuentra en Italia y los arenques son peces de agua fría que solo se encuentran en el norte de Europa. Tomás los habría probado mientras enseñaba en París y, quizá por nostalgia, le apetecían en ese momento. Grande fue el disgusto de Reginaldo, que no tenía medio de cumplir esa petición. Apareció, sin embargo, un vendedor de pesca-

---

[2] *Ibid.*, p. 317.

dos que anunciaba su mercancía: sardinas. Eran peces, pero no los que esperaba Tomás. El milagro ocurrió cuando Reginaldo le pidió al vendedor que abriera una de las cestas e inexplicablemente estaba llena de arenques frescos. Nadie podía explicar lo ocurrido. Lo cierto es que Tomás pudo comer arenques frescos y, con él, todos los de la casa. El testigo ocular del milagro señala incluso que los comieron «elissitas in brodio et etiam assatas» (hervidos en caldo y también asados)[3]. Puede parecer una nimiedad, pero hay un detalle que muestra la profunda simplicidad del hecho. Cuando Reginaldo llevó los arenques a Tomás, le dijo: «Dios ha cumplido tu voluntad». Esto es lo que ocurre en la vida de los santos. De tal modo han configurado su voluntad con la del Señor, que *lo que quieren* coincide con lo que Dios quiere para ellos. Es una prueba sencilla de la bondad divina y de la verdad fundamental del evangelio: Dios quiere nuestro bien, incluso en los más mínimos detalles.

Tomás estuvo unos días en el castillo de Maenza, pero presintiendo que se acercaba su final, pidió con mucha devoción que lo llevaran al monasterio de Fossanova. La vida de Tomás terminará en una casa de la familia benedictina (cistercienses), de modo semejante a como comenzó su entrega al Señor en Montecasino. Los monjes cuidan de Tomás y manifiestan con pequeños gestos el cariño que le tienen. Sabiendo que era muy sensible al frío, los mismos monjes se encargan de portar la leña para mantener su habitación a una temperatura confortable. El 4 de marzo, su salud empeora y se prepara para la muerte. Recita el credo, se confiesa

---

[3] *Ibid.*, 50, p. 276.

con su amigo Reginaldo (que testificará luego que no había cometido pecados mayores que un niño de cinco años) y recibe la comunión. Todos los testimonios señalan la solemnidad de ese momento en la vida de Tomás. De rodillas y visiblemente emocionado pronuncia unas admirables palabras de amor y devoción a la eucaristía:

> Te recibo, precio de la redención de mi alma, viático de mi peregrinación. Por tu amor yo he estudiado, he vigilado y trabajado; te he predicado, enseñado y jamás he dicho nada contra ti y, si lo he hecho, ha sido por ignorancia y no quiero obstinarme en mi error, si he enseñado algo acerca de este sacramento o de los otros, lo someto al juicio de la santa Iglesia romana, en cuya obediencia yo salgo ahora de esta vida[4].

El día 5 de marzo recibió la extremaunción y la madrugada del 7 de marzo de 1274, Tomás de Aquino murió. Cuenta fray Antonio de Brixia que Alberto Magno, sentado a la mesa en su convento en Alemania, prorrumpió en lágrimas y exclamó a los otros frailes: «os comunico una pesada noticia, porque Tomás de Aquino, mi hijo en Cristo, que fue luz de la Iglesia, ha muerto y esto me lo ha revelado Dios»[5].

Dos preguntas quedan por responder. ¿De qué murió santo Tomás? La verdad es que no hay certeza sobre la causa de su muerte y se han propuesto múltiples

---

[4] B. Gui, «Legenda sancti Thomae Aquinatis» [110], p. 175.
[5] «Processus canonizationis sancti Thomae Aquinatis, Neapoli» 67, p. 299.

hipótesis. Estudios recientes del cráneo de santo Tomás (que han permitido reconstruir digitalmente su fisonomía) parecen indicar que el golpe que recibió camino al concilio sería la causa de su muerte. Se trata,
sin embargo, de conjeturas y no parece que se pueda
avanzar más allá[6]. Lo segundo que nos podemos preguntar: ¿qué pasó con su cuerpo? Esto es una historia
mucho más enrevesada. Por simplificar un poco, los
monjes de Fossanova se dieron pronto cuenta de que
tenían un santo enterrado en el monasterio y, queriendo conservar las reliquias, exhumaron en varias ocasiones el cuerpo y lo trasladaron varias veces de sitio intentando ocultar el verdadero lugar de la sepultura.
Temían que lo reclamaran los dominicos, como efecti-
vamente hicieron. Hay otros detalles un poco más es-
cabrosos. Por ejemplo, pensaron los monjes que podrían entregar el cuerpo, pero decidieron cortarle la
cabeza para al menos conservar la parte principal del
santo. La cabeza, por lo mismo, fue enterrada en otro
lugar... y actualmente un convento y un monasterio reclaman tener la auténtica. Sea como fuere, el 28 de
enero de 1369, por mandato del papa Urbano V, el
cuerpo de santo Tomás de Aquino fue trasladado a la
iglesia de los Jacobinos en Toulouse y ahí reposan actualmente.

Si quisiéramos resumir en una expresión todo este
movimiento que envolvió la vida de santo Tomas, podemos volver a escuchar las palabras que dirigió a nuestro Señor crucificado en un diálogo relatado por un
fraile. La escena se desarrolló de la siguiente manera:

---

[6] E. FORMENT, *Santo Tomás de Aquino*, pp. 639-680.

«Y acercándose [fray Domingo, testigo del suceso] por detrás a la capilla de san Nicolás, en donde permanecía [santo Tomás] muy quieto en la oración, lo vio como dos codos elevado en el aire. Mientras admiraba esto, escuchó allí mismo, en donde estaba el doctor orando con lágrimas, una voz que procedía de la imagen del crucifijo: "Tomás, has escrito bien de mí: ¿qué merced quieres por tu labor?". A lo que respondió: "Señor, no otra sino a ti"»[7]. *Domine, non nisi te*. Esta frase resume la intencionalidad de su vida, la dirección que marcó todo su peregrinar en la tierra, porque no olvidemos que «la principal obra de santo Tomás, aquella que motivó todo su trabajo, oración, enseñanza y predicación, y en la que principalmente buscó la gloria de Dios, no fue otra que su propia santificación»[8].

---

[7] G. DE TOCCO, «Hystoria beati Thomae de Aquino» [35], pp. 79-80.
[8] A. AMADO, «En el jubileo de santo Tomás», en *Humanitas* 108 (2024), p. 416.

18.
TOMÁS DE AQUINO,
POST MORTEM

De Tomás se ha dicho que fue «el más santo de los sabios y el más sabio de los santos», pero ¿cómo era? En base a los testimonios de sus contemporáneos, tenemos más o menos la siguiente descripción: «era de alta estatura, recto, grueso, de cabeza voluminosa y calva en la región frontal, bien proporcionado, de color trigueño, de porte distinguido y de una sensibilidad extraordinaria. Cualquier cambio atmosférico o de clima le afectaba y era sumamente sensible al frío»[1]. Cuenta un biógrafo que su figura imponente destacaba ahí donde estuviera y que, incluso cuando iba de viaje, los campesinos interrumpían sus tareas para mirarlo. Pero si sobresalía por su condición física, mucho más por su vida espiritual. Su potencia intelectual y su memoria eran poco comunes, poseía una capacidad de abstracción que parecía lo sacaba del mundo, llevó siempre una vida religiosa intachable. En su trato era afable

---

[1] S. RAMÍREZ, «Introducción general», en *Suma de Teología*, I, BAC, Madrid 1964, p. 45.

con todos y humilde, pero cuando debía defender la verdad, manifestaba un vigor desconcertante. Era un hombre de profunda oración y devoto de la eucaristía. Era amigo de sus amigos y muy amigo del Señor.

Cuando murió, muchos sintieron su pérdida. La Facultad de Artes de la Universidad de París reclamó su cuerpo por la estima que le profesaban y por el valor de su doctrina. No todos, sin embargo, estaban de acuerdo con esta valoración. Quizá no ponían en duda su santidad de vida, pero sentían vivas todavía las polémicas en las que el Aquinate había participado y, después de su muerte, quisieron volver a la lucha. Estamos en el último cuarto del siglo XIII y ya en ese momento comenzaron duras críticas al «tomismo» y la condena de París (1277) propició el clima de confrontación. Al año siguiente, por ejemplo, Guillermo de la Mare publicó un opúsculo titulado *Correctorium fratris Thomae* (1278-1279) y generó un amplio movimiento de ataque y defensa en torno a la figura del fraile dominico. Poco a poco, sin embargo, se fue consolidando la autoridad de Tomás y se fue extendiendo el reconocimiento del valor de su pensamiento.

Su canonización el 18 de julio de 1323 por Juan XXII sancionó también la ortodoxia de su pensamiento y supuso su rehabilitación frente a las acusaciones de haberse apartado de la doctrina católica. En su bula de canonización, recogiendo una idea que ya se había popularizado entre los seguidores de Tomás, afirmó que «resplandece entre los santos como estrella matutina» y en otra ocasión, que «iluminó más a la Iglesia que todos los otros doctores y más se aprende con sus libros en un año que durante toda la vida en la doctrina de los demás»[2]. Desde entonces, su autoridad doctrinal no ha dejado de crecer. Fue san Pío V quien en 1567 lo nombró doctor de la Iglesia (en ese entonces no había más que cuatro, los llamados padres latinos) y lo llamó *luz clarísima de la Iglesia*, calificando su doctrina como *regla certísima de nuestra fe*. La *Summa Theologiae* mereció el honor único y singular de estar como libro de consulta junto con la Sagrada Escritura en el altar que presidía el Concilio de Trento. A partir de entonces, no ha dejado de recomendarlo el Magisterio como maestro seguro de la filosofía y de la teología; de ahí que Pío XI recordara que honrando a santo Tomás se honra al mismo Magisterio.

Pero, sin duda, quien merece un lugar especial dentro de las recomendaciones magisteriales es León XIII por su decisivo impulso al tomismo contemporáneo (gracias a él se comenzó la publicación de las obras completas de santo Tomás críticamente anotadas, llamada por ello *Leonina*). Como dijimos previamente, muy poco tiempo después de subir a la sede de Pedro (1879), publicó la encíclica *Aeterni Patris* (imitando en el *incipit* el comienzo del *Compendio de Teología*), recomendando volver a las fuentes sanas del tomismo. Desde entonces, no ha habido Pontífice que no lo haya recomendado. Para terminar, reproducimos un texto de san Juan Pablo II de su encíclica *Fides et ratio*:

A la luz de estas reflexiones [relaciones entre la fe y la razón], se comprende bien por qué el Magis-

---

[2] *Ibid.*, 90.

terio ha elogiado repetidamente los méritos del pensamiento de santo Tomás y lo ha puesto como guía y modelo de los estudios teológicos. Lo que interesaba no era tomar posiciones sobre cuestiones propiamente filosóficas, ni imponer la adhesión a tesis particulares. La intención del Magisterio era, y continúa siendo, la de *mostrar cómo santo Tomás es un auténtico modelo para cuantos buscan la verdad*[3].

[3] JUAN PABLO II, *Fides et ratio*, 78, en AAS 91 (1999), p. 66.

19.
BIBLIOGRAFÍA[1]

CHESTERTON, G. K., *Santo Tomás de Aquino*, Carlos Lohlé, Buenos Aires 1986.

FERRUA, A. (ed.), *S. Thomae Aquinatis vitae fontes praecipuae*, Edizioni Domenicane, Alba 1968.

FORCADA, V., *Santo Tomás de Aquino. Biografía*, Provincia dominicana de Aragón, Valencia 1993.

FORMENT, E., *Santo Tomás de Aquino*, Ariel, Madrid 2007.

PRÜMMER, D. –LAURENT, M.-H. (eds.), *Fontes vitae s. Thomae Aquinatis notis historicis et criticis illustrati*, Bibliopolam, Tolosae 1911.

RAMÍREZ, S., «Introducción general», en *Suma de Teología* I, BAC, Madrid 1964.

TORRELL, J.-P., *Aquina's Summa. Background, Structure, and Reception*, The Catholic University of America Press, Washington D. C. 2005.

---

[1] Recogemos tan solo algunas biografías relevantes sobre Tomás de Aquino utilizadas en esta obra.

TORRELL, J.-P., *Initiation à saint Thomas d'Aquin. Sa personne et son œuvre*, Cerf, Paris 2015.

WEISHEIPL, J. A., *Tomás de Aquino. Vida, obras y doctrina*, Eunsa, Pamplona 1994.